新探索：

大学生第二课堂自主学习模式

中国政法大学

友思（Youth）学习圈

理论与实践

黄瑞宇◎主　编

赵中名◎副主编

中国政法大学出版社

2018·北京

图书在版编目（ＣＩＰ）数据

新探索：大学生第二课堂自主学习模式：中国政法大学友思（Youth)学习圈理论与实践/黄瑞宇主编. —北京：中国政法大学出版社，2018.7
ISBN 978-7-5620-8425-9

Ⅰ.①新… Ⅱ.①黄… Ⅲ.①高等学校－教学模式－研究 Ⅳ.①G642.0

中国版本图书馆 CIP 数据核字(2018)第 181870 号

出 版 者　　中国政法大学出版社
地　　　址　　北京市海淀区西土城路 25 号
邮寄地址　　北京 100088 信箱 8034 分箱　　邮编 100088
网　　　址　　http://www.cuplpress.com（网络实名：中国政法大学出版社）
电　　　话　　010-58908285（总编室）58908433（编辑部）58908334(邮购部)
承　　　印　　固安华明印业有限公司
开　　　本　　880mm×1230mm　1/32
印　　　张　　6
字　　　数　　110 千字
版　　　次　　2018 年 7 月第 1 版
印　　　次　　2018 年 7 月第 1 次印刷
定　　　价　　26.00 元

目　录

导　言

传统的大学教育模式由三部分组成，即由以教师课堂讲授为主导的"第一课堂"，以学生课外活动为内容的"第二课堂"和以社会实践教学活动为主的"第三课堂"。由于我国中学阶段的"模块化"教学，应试教育始终占据主导地位，学生素质能力的需求趋同性强，同时由于学生基数过大，师生比例不协调等原因，这种传统的大学培养模式在一段时期内发挥了显著的"计划性"作用，在一定程度上保证了学校教学培养质量的普遍性、均等性、高效性。但在这种传统教学模式下，多数大学生习惯于以教师为主导的学习方式，思维习惯倾向于知识记忆型，深度学习能力明显不足。另外，现代大学教学管理中普遍使用"学分制"的考核方式，学生根据培养方案和个人兴趣进行自由选课，但分散式的选课制度和学生管理模式造成了学习者与学习者、学习者与教授者之间缺少交流机会，学生对于课程学习缺乏兴趣性与自主性，很容易将"凑学分、刷绩点"作为学习目的。

随着国家对高等教育投入的不断加大，学校师资力量在一定程度上有所提升，而随着本科教育招生人数的逐年增加，学生的素质能力也出现了明显的差异变化。伴随社会文化生产力的发展，社会学习方式多样化程度显著提高，而大学生个体学习能力却未得到相应的提升，造成了校园学习与社会发展脱节，学生的个体素质难以适应社会需求，这就急迫的要求改革传统高等教育模式，突破教师"灌输式授课"、学生"机械接受学习"、教学管理与课程设计"模块化"的局限性。《国家中长期教育改革和发展规划纲要（2010－2020年）》指出："创新人才培养模式，适应国家和社会发展需要，遵循教育规律和人才成长规律，深化教育教学改革，创新教育教学方法，探索多种培养方式……注重学思结合。倡导启发式、探究式、讨论式、参与式教学，帮助学生学会学习，激发学生的好奇心，培养学生的兴趣爱好，营造独立思考、自由探索、勇于创新的良好环境。"

在此时代背景下，教学模式的改革成为高等教育改革的重中之重，即在已有教学模式基础上积极探索"教"与"学"关系模式的创新。基于自身特色实践与教学改革的时代要求，中国政法大学"友思（Youth）"学习圈的构建设想正是在对现阶段高等教育教学模式以及学生培养方式

进行反思的基础上提出的。中国政法大学"友思"学习圈
学习模式成功构建，它以启发式、探究式、研讨式、参与
式的教学方法为突破口，形成了对现阶段高等教育教学模
式的有效创新和有益补充。从 2014 年 5 月至今，"友思"
学习圈已成功举办四期，运行程序不断完善，活动质量不
断提高，随着学习圈活动影响力的日益提升，这种学习模
式也逐渐深入到同学们的校园生活中，潜移默化地塑造着
当代大学生自主学习的理念。

❖ 第一章 ❖

大学生新型学习模式的探索

第一节 瑞典经典学习圈的概述
与现实启示

"学习圈"这一概念最初来源于瑞典学习圈。瑞典现行的"成人学习圈"是一种由专门的成人学习协会的地方分会主办，由成人自发组织或由教师负责组织，具有学习地点灵活、学习内容自主特点的采取自觉和集体研讨学习方式的成人教育形式。

学习圈在瑞典已经有 100 多年的历史，在瑞典教育的发展过程中发挥着重要的作用。瑞典国家成人教育委员会大众成人教育网站总监托瑞·波尔森（Tore Persson）介绍称，瑞典平均每年组织 300 000 个以上的学习圈，瑞典学习圈拥有大规模的成人学习者，在瑞典 900 万总人口中，每年约有 150 万人参加学习圈活动。

一、瑞典学习圈概述

瑞典学习圈又称"学习小组"或"读书会"，是朋友或者熟人组成的学习团体。团队成员因共同的目标或兴趣而集合在一起，共同制定学习目标，并针对特定的科目或者彼此感兴趣的问题进行有计划的学习。瑞典的《成人教育法》对"成人学习圈"所作的定义是："一群朋友在有计划的基础上对预先规定的科目和课题进行共同学习。"这个定义的关键词是"一群朋友""共同"和"学习"。这里的学习指的是在合作的气氛中进行，参与者互相帮助，学习有关的知识和利用他们共同的经验。

（一）瑞典学习圈的起源

17 世纪 80 年代，为了使瑞典民众都能了解教义、遵守教规，瑞典教会颁布了一部旨在使全体公民都有读书识字能力的法律。其中明确规定，每个家庭的户主必须负责教育所属的家庭成员读书识字，户主是文盲或不能承担教育任务的，要请求他人代替。与此相适应，全国各教区相继建立了考试等级制度，对国民的读书识字能力进行测试。上述法律其实是有关扫盲教育的规定，这大大促进了瑞典成人扫盲教育的形成和发展。此后，这种没有教材、教室等教学设施的非正规教育形式迅速扩展到世俗教育领域。尤其是到了 19 世纪末期，当瑞典由一个贫穷落后的农业国一跃成为北欧的工业强国时，非正规成人教育形式更加受到人们的青睐，成为瑞典学校教育的重要补充形式。不需要特定教学设施、学习方式灵活多样、适合成人学习的学习圈教育模式应运而生。

瑞典学习圈的发起者是瑞典议员奥斯卡·奥尔森（Uscar Olsson）。1893 年，奥斯卡·奥尔森到美国考察，受美国肖陶扩运动的启发，奥斯卡·奥尔森回国后于 1902年在瑞典北部的兰德大学（Lund University）创立了第一个学习圈，并在当时的报纸上报道了该学习圈的活动内容、方式等，引起了强烈的反响。

在构建学习圈时，奥斯卡·奥尔森认为，学习圈不仅是组织管理学习的一种形式，而且是培养和创造一种持续探索、质疑的精神和学习气氛的工具。他认为花费时间和精力在学习和受教育上唯一纯粹的原因是，"当在进行脑力劳动时，人们会有一个强烈的印象，这个印象就是知识，这是令人愉悦的"，他希望通过学习圈的形式让每个人能够自己教育自己，学习圈的参加者在学习聚会期间都应该自己选择阅读文献，积极地与其他参与者一起交流获取的知识。同时，奥斯卡·奥尔森认为学习应该采取人人都能接受的、都能参与的、简单易行的形式，学习不应该只专属于精英阶层，应该是平民化和大众化的、由民众自发组织的行为，任何人不能因经济原因而丧失学习的机会。

在 1902～1920 年学习圈发展的第一个重要历史时期，奥斯卡·奥尔森发挥了不容忽视的巨大作用，他通过种种努力保障学习圈的师资力量、组织安排以及经费来源，使其能朝着正确的方向发展。可以说，他不仅是这场强大的学习圈运动的创立者，更是这场运动的精神领袖和实用主义发起人——他所强调的"工人阶级的（教育）解放应该由工人阶级自己来完成""教育是为了人民，由人民进行的教育"等理念成为鲜明的政治旗帜，影响了瑞典成人教育体系很多年，在奥斯卡·奥尔森的大力提倡下，许多学习圈相继成立。

（二）瑞典学习圈的发展

学习圈的创立和发展以一系列的大众活动为背景，从最初的戒酒运动到最后的工人运动，学习内容随着人们社会活动的实际需要而改变和发展，在一定意义上，它不仅仅是为人民而进行的教育活动，更是通过人民的努力而促成的教育活动。

19 世纪中期，尽管瑞典工业生产突飞猛进，但广大劳动人民的生活并未真正有所改善。大多数人口居住在农村，生活环境闭塞落后，工人们的工作强度较高，但收入菲薄，再加上受到英国、美国的影响，平民运动逐渐在瑞典兴起。自由教会运动、禁酒运动、劳工运动相继发生。但当时瑞典人均受教育水平，尤其是工人和农民的受教育水平较低，文盲和半文盲占比很大，十分不利于平民运动的开展。瑞典公会、禁酒社团等组织深刻认识到，缺乏知识是平民运动的主要障碍。为了唤醒并鼓励组织成员开展平民运动，各社会团体尽可能的为平民提供学习机会，提高平民文化素养。这种注重平民文化素质的教育意识对于个体而言有助于提高生活质量，对于组织而言，有助于提升凝聚力。鉴于此，瑞典社会迫切地需要一种像学习圈这样成本低廉却效果显著的"教育工具"来培训平民运动的领导者和成员，教育和鼓励广大民众。

19 世纪末瑞典初步完成了工业革命，出现了电冶金和机械制造等新的生产部门，促进了冶炼业和造纸业的大力发展。随着电力技术的传入，瑞典电气化工业得到推行，各个生产部门广泛采用机器生产。伴随着科技成果在工业生产中的广泛应用，社会发展突飞猛进，科学知识更新速度加快，对于提高劳动者的文化素质和整体社会文化水平的要求更为紧迫。针对这些状况，社会成员为了适应社会的发展，必须做出一定的调整和改变，"……再也不能刻苦地一劳永逸地获取知识了，而需要终身学习去建立一个不断演进的知识体系——学会生存"[1]，对于瑞典平民阶层而言，只有持续的学习，不断的提高和丰富自己，扩大知识面，才能与时俱进，增大在压力渐增的社会中的竞争

---

[1]　摘自联合国教科文组织报告：《学会生存——教育世界的今天和明天》

力，适应日新月异的时代。正是瑞典科学技术的发展，使得终身学习的必要性日益突出，但终身学习不仅需要社会成员通过其自身素质和学习能力的提高来实现，同时也需要一定的学习形式，因而，学习圈随即产生。学习圈使得学习场所不再限定于学校，更为方便和多选的学习场所突破了传统教育的局限性，为更多的人创造了学习的条件，营造出全民学习，终身学习的浓厚氛围。

20 世纪初期，学习圈活动受到广泛欢迎，学习圈的学习模式也得到进一步的推广，加快了农村社会民主的发展步伐，对瑞典社会民主的发展起着尤为重要的作用。随着学习圈活动的开展，许多仅接受过六、七年正规教育的瑞典民众获得了关于社会、经济、管理的专业知识。同时，学习圈还向瑞典民众传授地方政府活动的基本理论，让学习圈成员能够在学习圈活动中扮演"地方执政政府"，讨论地方行政事务的运作、管理，在一定程度上促进了瑞典的民主法治进程。1912 年，瑞典政府决定以资助购买学习圈所用书籍的方式来支持那些隶属于国家性组织机构的学习圈，这些书籍被保存在当地的学习圈图书馆，此举极大地促进了学习圈的发展。这种资助的作用虽然有限但是却很重要，因为书籍从一开始就在学习圈中扮演着重要的角色——就许多学习圈而言，尤其是在乡村地区，不同的学习科目是不可能找到专家来担任学习圈领导者的，书籍是他们获取知识的重要渠道，所以这种低投入的政府支持，对每个学习圈的发展具有重要意义。

20 世纪中后期，瑞典学习协会和民众中学开发了由 IT 支持的远程教育。这种远程教育所遵循的原则就是学习圈发起人奥斯卡·奥尔森所倡导的"所有参加者都要相聚在一起（既有远程聚会，又有面对面的聚会）互相学习"。1991 年，瑞典政府缩减对学习圈的财政支出，在此后的 10 年中对非正规大众成人教育的公共资助下降了 20%。21 世纪初，瑞典政府又将对学习圈的管理监管工作由国家教育部移交给了非政府组织（NGO）——国家成人教育委员会。这项政策的出台意味着政府对学习圈的干预逐渐缩减，更好地落实"自主学习"的观念，经过之后多年的自我调整，瑞典学习圈得到了迅速发展。

（三）瑞典学习圈的构建模式

1902 年，奥斯卡·奥尔森创立第一个瑞典学习圈时，对学习圈的构建模式和活动内容提出了自己的观点。他对学习圈所下的定义是："志同道合的朋友聚在一起讨论问题和学科知识的小圈子。"因此学习圈对团队人数的要求十分巧妙：人数过少不利于通过争辩产生更多的新思想，使得学习缺乏趣味性，而人数过多则不利于圈内成员彼此的了解，丧失深层次交流思想的机会。基于以上问题的考虑，奥斯卡·奥尔森认为学习圈活动应由成人自发组织或由教师负责组织，参与人数在 5~12 名之间，采取自觉和集体研讨的学习方式，集中学习的时间在 4 个星期内不少于 15 个小时。

瑞典学习圈的最大特色在于"圈"，即以小组为单位进行学习。在学习过程中，所有的成员面对面围坐成一个圈，进行交流和讨论，构成形式上的"圈"，而基于朋友关系的成员为了共同的目标自发形成的较为固定的组织则构成了实质上的"圈"。"学习圈"成立的前提是团队成员事先选定一个研究领域，共同制定完成目标的系统计划。这种自由的选题方式使得学习圈学习内容所涉及的领域十分广泛，初期瑞典学习圈学习内容就包括科学、人文科学、美学、商业经济、贸易等 20 多种科目，从乐器到法律，从制陶工艺到莎士比亚，从三体的研究到伊丽莎白的悲剧等等，涉猎面积相当广泛。另外，学习圈的学习模式强调自主，即不需要辅导老师，仅由一名领导者充当"促进者""倾听者""引路者""中立者"和"解读者"的角色，负责组织开展学习活动。基于学习圈的自发性、自主性和趣味性，学习圈活动成为瑞典成人教育的一种最主要、最重要的学习方式。

（四）瑞典学习圈在瑞典成人教育体系中的地位

瑞典学习圈有着上百年的历史，在瑞典的成人教育中有着巨大的影响力。据调查统计，大约 75% 的 18～75 岁的瑞典人都曾参加过学习圈，大约 40% 的瑞典人在近三年内参加过至少一个学习圈，大约10%的瑞典人每年参加学习圈。在瑞典几乎没有一个乡村没有读书会，每一天晚上都会开展学习活动。

学习圈是瑞典"非正规大众成人教育"的重要组成部分。瑞典成人教育体系是一个综合的、对所有公民开放的庞大体系，它分为由政府教育机构负责的"正规成人教育"和由非政府组织负责的"非正规大众成人教育"两部分。瑞典的"非正规大众成人教育（Folkbildning）"一词很难在英语中找到相应的单词或词组来翻译，在英文文献中多被翻译为"文科成人教育"（Liberal adult education）或者"大众成人教育"（Popular adult education），我们为了与瑞典的市立正规成人教育相区别，将其翻译为"非正规大众成人教育"。其实"Folkbildning"所涵盖的意义远远超出了"成人教育"，它不仅含有"民众个人自我学习、内在知识构建、个人修养"的思想，更强调"民众走到一起，彼此平等对待，为加深相互了解、促进相互影响、共同学习提高、建立共识而在一起学习，以共同营造民主学习的气氛，以民主方式来影响社会"的学习内涵。瑞典"非正规大众成人教育"则由148所民众高中和9个拥有上百家地方分支机构的瑞典国家学习协会主导，这些民众高中和学习协会受国家财力资助，但它们大多隶属于各自的非政府组织（NGO），由非政府组织进行日常运作。

学习圈就是瑞典"非正规大众成人教育"的主干部

分，学习圈这种非正规的学习模式能够有效提升社会成员整体的文化素养，这就是为什么瑞典能在生活水平质量方面被认为是高居世界榜首之列，成为公认的社会秩序最为稳定的国家之一的重要原因。

二、瑞典学习圈的特色与优势

（一）注重民主、强调平等

瑞典学习圈中渗透着强烈的民主观念，这充分体现在学习圈成员的准入以及学习活动中学习圈成员的地位上。在瑞典，只要有意愿学习且足够感兴趣，任何阶层的人都可以加入自己感兴趣的学习圈，并且只要将其时间安排妥当，每个人可以同时加入多个学习圈。同时，学习圈不设专职或兼职教师，学习圈中的每个成员既是成员又是教师，各个学习圈成员在活动中地位完全平等。

在学习圈成员的准入上，学习圈并不像学校一样按年龄分类，各年龄段的人可以混合学习。大部分的成人教育只针对年纪较小的成年人，对于年纪较大的成年人而言，学习圈几乎成为他们知识学习的唯一选择，这些参与者在学习圈内可以满足自己的实际需求。另外，学习圈还有对残障人士、失业人员、女性公民等一系列特殊人群的特别招收，这样一来，可以帮助社会弱势群体重拾自信，保障其获取知识的权利。

另外，学习圈还强调圈内成员之间的平等，强调对话的机会是均等的。学习圈的发起者奥斯卡·奥尔森将自然的日常谈话视为学习圈活动的奠基石，他主张所有学习圈必须坚持一个基本准则——学习圈应该是非正式的谈话或者谈论，就像朋友之间的谈话一样轻松自在，但是对谈话的态度必须是严肃认真的。每个公民都是自由独立的个体，有权参加各种学习活动，因此每一个参与学习圈的人都有发言权，他们都是积极的参与者，而不是被动的接受者。学习圈成员拥有平等的话语权，但都需尊重基于事实的辩论，并且能够容忍不同的观点。

（二）主题多样，方式灵活

学习圈主题由参与者自行决定，这就导致学习圈的主题广泛。广泛的涉猎范围不仅能够增长学习者知识、提升技能，还能够有效地发扬民主风范、增强文化包容力。瑞典在 20 世纪 70 年代出台了新的文化政策，倡导将文化推向市民，让市民了解文化，参与其中。受其政策影响，瑞典大多数学习圈都和各式各样的文化活动有关，据瑞典成人教育委员会的数据显示，瑞典学习圈中最常见的讨论话题是美学，占据了学习圈中的 60%，这些学习圈大多与音乐、美术、剧场以及舞会有关。人文领域（语言、历史等）学习圈占学习圈总数的 14% 左右，社会和行为科学领域学习圈约占 6%，其他领域所占比重较大的包括个人服务（如烹饪、旅游、保健、运动、消费科学等）、农业、园艺、林业和钓鱼。瑞典的学习圈多以其讨论的话题来命名，这些学习圈的很多名称正好印证了话题多样化的特征：英语、音乐、圣经诠释、乐器制作、编制、钓鱼、走向未来等，只要这些话题适合参与者，他们就可以自由决定自己的会议主题。

学习圈主题的多样性决定了其方式的灵活性。瑞典学习圈在实际操作过程中十分注重灵活性，对于学习时间来说，从成员的实际情况出发，除很多退休人员会在白天参加学习圈，学习圈活动经常在晚上举行，圈内成员每周见面 3 个小时，中间休息一次。对于学习地点来说，学习圈的地点既可以是某个组织所在地，也可以是某个咖啡厅、面包店等，当然也可以是家中。随着科学技术的发展，远程虚拟"网络学习圈"随之出现，这就意味着学习圈将进入网络虚拟世界。对于学习方式来说，瑞典学习圈强调"讨论式"学习而非传统学校般受教，主张成员间的自由讨论、角色扮演、案例分析。针对评价方式而言，学习圈结束不评定学习成绩，也不授予毕业证书，它是通过分享心得体会来进行自我评价，以此判断团队成员是否达到学习目标。

（三）成本低廉、财政支持

瑞典学习圈的经费主要来源于国家和地方补贴，还包括县议会提供的资助、学习圈学员所交学费等，这些资金都为学习圈的顺利开办提供了有力的保证。在瑞典学习圈的支出中，办公设施及学习材料费用占了很大比重，而这部分所需使用的学习材料大多可以从当地"学习圈图书馆"借阅，也可以由学员自己提供，这充分地显示出学习圈"成本低廉"的特征。

　　毫无疑问，学习圈必须得到足够的支持才能得以推行和运转，其中政府财政支持起到了至关重要的作用。1912年，瑞典政府决定通过帮助筹资购买所用的书籍来支持学习圈的活动。当一个学习圈启动时，他们可以向其总部申请资金来为参加者购买书籍，政府会支付采购费用来减轻参与者的负担，并通过这样的方式鼓励更多经济条件较差的人参与到学习圈中来。当学习圈结束时，学习圈可以把书归还给当地组织的分支机构，这些书会被储存在"学习圈图书馆"中。当其他学习圈想要学习同样的内容时，他们可以从图书馆中借阅这些书籍，从而使资源得到循环利用。同时，这种资源的循环利用为有共同兴趣的人建立起了一个联系和交流的平台，这样"学习圈图书馆"这种低投入的政府支持就能够对个体的学习圈、当地图书馆和综合性社区学习提供物质保障。学习圈作为一种有效教育形式，不仅能够降低学习成本、提高资源利用率，而且能够有效的激发民众的参与热情。

（四）相对独立，管理规范

瑞典学习圈虽然受到了政府的资助，但是其在运作上却是相对独立的，政府不可以干预他们的活动和学习，学习圈活动必须以民主和自愿的方式组织开展。

在瑞典，学习圈是通过学习协会这些非政府组织得以制度化运转。为了保证学习圈的正常运转，瑞典学习协会制定了一系列学习圈基本原则：学习圈时间不能太长，必须有充分的时间计划和完成学习任务；必须留有足够的时间让参与者消化吸收新的经验，并为下一次学习圈会议做好集体和个人的准备；学习圈会议不能太冗长劳累；参与者要充分利用自己的知识储备，并鼓励他们通过外部资源搜索信息，但不能影响学习圈的正常开展；为了保证每个人有机会充分参与，参与人数不能太多，等等。

瑞典学习圈通过长时间的历史积淀，已经形成了一套较为完善的运营模式，其自发性的特征使得这种非正规的成人教育模式具有巨大的借鉴意义。作为"友思（Youth）"学习圈的事实支撑，瑞典经典学习圈不仅带来了参考模式，更带来了一系列思考。当下中国高等教育模式随着时代的不断发展，固化落后的弊端逐渐暴露，如何将瑞典经典学习圈与当下高等教育相结合，使其成为促进高等人才培养模式改革的动力成为中国政法大学教育模式改革思考的内容，也成为了"友思"学习圈构建的目标之一。

第二节 中国大学生特质与瑞典
学习圈融合的探索

中国政法大学"友思"学习圈旨在探索大学生新型学习模式,借鉴了瑞典学习圈"自主学习"的构建模式,同时结合现阶段高等教学模式和在校大学生特点,以平等参与者为主体,倡导更符合新时期大学生的学习模式。

"友思"学习圈立足于扩大团学工作的有效覆盖面,以解决学生工作域的"二八现象"。传统的学生活动大多以竞赛和文体活动的形式开展,大部分学生活动的受众都是同质化的同学,或者是在一些领域非常优异有杰出表现的同学,例如准律师大赛等,或者是覆盖面非常广泛、缺乏针对性的所有同学,例如运动会等,传统的学生活动是在学生群体的两极开展工作。在这样一种情况下,有自身特殊发展需求却又不是那么优异的中间这很大一部分同学就没有足够的自我发展的机会与空间。于是为充分覆盖更大范围的学生,中国政法大学开展了"三个一百"项目,也就是"百言""百家"与"友思"学习圈。"百言"设定在班级层面,体现着我校法科背景特色下的思辨思维;"百家"是在宿舍生活层面,倡导生活文明;"友思"学习圈覆盖的则是自主学习方面,学习圈提倡自主学习、互助学习，通过"三个一百"使得每一个生活个体、学习个体都能够获得成长成才的机会。而友思学习圈正是针对学生缺乏学习动力来源和资源支持现象的一种补充形式，借鉴瑞典学习圈的互助学习理论，让这样一群同学的需求得到满足。

学校的团学工作就是从学生的兴趣出发，扩展学生的成长空间。"三个一百"项目中的"友思"学习圈通过读书会、座谈会、外出交流等多种形式开展活动，侧重引导学习者自主学习、互助学习、个性学习与兴趣学习，对现阶段高等教育"三个课堂结合"教学模式进行有效创新和有益补充。

首先在学习圈成员的准入上，不同于瑞典学习圈没有年龄限制，各职业、各年龄可以混合学习，"友思"学习圈主要面向在校大学生群体，由学生们主动发起学习圈、自行选择学习圈成员，不分年级与院系，甚至打破学校的圈定，可以促进各高校之间的学习与交流。

大学生们的思维比较活跃，敢想敢做的创新精神同时也会导致想法缺乏可行性，于是在"友思"学习圈实行初期，为了保证活动的质量、持续性以及校方对各学习圈的支持力度，设置了学习圈成立答辩环节。答辩制度的设计是"友思"学习圈"稳定性"特征的要求，详尽的规划能够有效降低学习圈不能持续开展活动的概率，降低学习圈活动的组织成本。

考虑到学生们刚接触这种不同于以往由老师监督的新的学习模式，可能会缺乏一定的自律意识，学习圈还设置了一些监察制度。

在不干扰团队活动的大前提下，"友思"学习圈采取"线上为主，线下跟进"的监管方式。线上监管主要以学习圈团队打卡签到的形式开展，这种形式避免了对学习圈团队的过度限制，引导团队活动更加注重自身需求，而非符合某种活动评价指标。从参与团队视角出发，这种开放的监管模式能够为参与者带来自由的学习感受，让团队在开展学习活动时不受固有观念的拘束，间接地向活动参与者传达自主学习的活动理念。对一些急于开展学习活动的团队来说，线上监管缺乏足够的约束力，丧失了监管的实际意义。为了进一步保障团队活动的有序开展，"友思"学习圈设立线下跟进的方式，在活动周期内，监管人员将随机观摩团队活动 1~2 次。这种监管模式既实现了对团队的线下监督，提升监管模式的权威度，又避免了对于各个团队过分干预，便于校团委及时跟进了解团队活动情况，增强学习圈活动的规律性。学习圈活动的监管在保证学习圈活动不受打扰的大前提下，结合线上与线下两种方式，维护各团队学习形式、学习内容的高度自由，不断地巩固自主性在学习活动中的引领地位。

区别于瑞典学习圈通过分享心得体会来进行自我评价，以此判断团队成员是否达到学习目标的评价方式，

"友思学习圈"依据勒温的群体动力理论，适当的制度规章可以促进群体的发展，制定了评估制度，在学习圈活动的中期、终期都会有阶段性的考评，形式不局限于学习圈团队的汇报，也有分享会等多种形式。旨在使各个成员、各个学习圈之间创造一个良好的竞争氛围，激励同学们认真对待学习圈活动，也能使得学生们在成立学习圈时更加慎重考虑，以此提高学习圈团队的整体水平。

在主题的引导方面，"友思"学习圈鼓励学生们自主发起或选择自己感兴趣的学习圈，同时也推出了校长推荐阅读书目学习圈和一些老师的课题研究学习圈，为学生们提供更多的选择以及更多的经验支持和主题引导。

"对于法科学生，大学的学习不应局限在法学方面，更要在文学、史学、哲学，特别是体现中国优秀传统文化的国学等方面加强学习，与其他学科的同学尽可能多的沟通、交流更有助于个人视野的开阔、思想的进步"，中国政法大学校长黄进如是说。他进一步指出，"大学生处于一个开放的环境，身边的每一个同学们都有不一样的成长环境，接触过不同的文化。在一个思想开放的环境中，大学生应能够学会和身边的来自不同地域、具有不同文化背景的人交流思想，分享对文化的理解，这些对个人的成长都将是一种促进。而参与学习圈活动就是一种很好的形式。学习圈不同于传统的授课教学和读书自学，它是以小组平等交流、自由讨论为主要学习形式，具有兴趣性、平等性、互助性、分享性的特点。采用这种模式学习既有利于团队个人自主学习、自由讨论、自我省思，也能使团队成员间相互合作、相互帮助、相互启发"。

"友思"学习圈的构建受瑞典学习圈的启发，将瑞典学习圈的理念和模式应用到当下大学生的学习生活中，配合衔接第一、第二和第三课堂，旨在将学习圈打造成为大学生的一种新的学习生活方式。"友思"学习圈在借鉴瑞典学习圈的基础上形成了兴趣性、自主性、平等性、稳定性四个基本特征。其中，"兴趣性"突显的是学习圈的参与者以共同的研究兴趣为聚合点，实现主题与成员的"双向选择"；"自主性"要求学习者能够积极地参与到小组活动中，通过主动学习预留任务等激发自主学习活力；"平等性"是指学习圈内所有参与者的地位平等性，特别是在发言、讨论等活动环节，发起人和其他成员要始终维持这一属性；"稳定性"有两个方面的含义，一是指团队成员经过遴选后，学习圈对其保持较长时间的约束力；二是学习圈有固定的研究方向，由发起人提出并经过团队成员的共同探讨后确定，为之后的活动提供方向性参考。同时，"友思"学习圈还以阶段性成果分享平台等形式给予团队成员更多的激励措施和学习圈对外展示的机会，学习圈确定固定的研究方向也更有利于提升在校大学生的自主研发能力。

❖ 第二章 ❖

"友思" 概况

第一节 "友思"学习圈概述

中国政法大学"友思"学习圈是由共青团中国政法大学委员会（以下简称校团委）主办、中国政法大学学生社团联合会（以下简称社联）承办的，旨在创新当代大学素质教育模式，塑造大学生自主学习观念的活动。"友思"学习圈于2014年5月在中国政法大学正式启动，至今已成功开展四期。

一、"友思"学习圈活动简介

中国政法大学"友思"学习圈是一种由有共同兴趣的老师、同学通过自主的交流和互动而形成的学习小组，以探索启发式教学方法为方向，侧重引导学习者自主学习、互助学习、个性学习与兴趣学习，是对现阶段高等教育

"三个课堂结合"教学模式的有效创新和有益补充。

"友思"学习圈取"友以互助，思以为学"之意，致力于在大学校园内打造一种合作学习与自主学习相结合的新型教育模式。"友"代表着"合作学习"，即它是由具有共同兴趣的老师、同学组成学习团队，团队成员围绕选定的主题，通过读书会、座谈会、外出交流等多种形式开展学习活动，以面对面的交流互动来实现经验与知识的分享。而"思"则意味着"自主学习"，学习圈采取"无领导"式的平等交流模式，注重个体思考，在设计构建中以培养学习者的交互能力、学习能力、实践能力和创新能力为中心，着重强调学习者个体的"自主学习"意识。

二、"友思"学习圈开展情况

在校团委的大力支持下，"友思"学习圈已成功开展四期，共创建265个团队。各学习圈团队自发组织活动3 780余次，搭建自媒体平台41个，共举办成果分享交流会7次。四期"友思"学习圈活动总计覆盖师生人数达3 500余人。随着学习圈活动的不断开展，其"启发式""探究式""研讨式""参与式"的教学方法越来越被同学们接受和采纳，在校园中营造了一种自主学习的良好氛围。

首期"友思"学习圈活动于2014年5月启动，共支持创建25个团队，其中包含学术理论类学习圈9个，学习辅助类学习圈 6 个，课外生活类学习圈 6 个，文化艺术类与社会实践类学习圈各 2 个。通过前期的宣传招募，最终首期"友思"学习圈共有 43 个团队参与成立答辩，依据主题选择的合理性、活动开展计划的可行性、计划的详尽程度和答辩效果四项指标，最终选拔出以下 25 个学习圈。同时，校团委为了更好地促进各学习圈开展高质量活动，平均为每个学习圈提供 800 元活动支持资金。2014 年 7 月，首期"友思"学习圈成果分享会成功举办，在分享会上，各学习圈成员代表通过现场表演、PPT 成果展示等形式向其他学习圈分享自己团队取得的学习成果。

编号	发起人姓名	团队名称	分类
1	陈晓婷	国学	学术理论
2	扈梦瑶	Law Geek	学术理论
3	孙 璇	第三帝国的大众心理分析	学术理论
4	全素慧	"公司法人人格否认"研究	学术理论
5	蔡曜羽	金融学人	学术理论
6	季冬梅	民商经济法发烧友的司考小队	学术理论
7	庹 渝	学术交流	学术理论
8	苏圣源	国学	学术理论
9	王若曦	刑事法律理论与实践	学术理论
10	李 立	晚请与中华民国的历史与政治	学习辅助
11	何程均	当代中国经济问题讨论	学习辅助
12	吕晓蕾	校园纸媒选材和文风探讨	学习辅助

续表

编号	发起人姓名	团队名称	分类
13	李 廷	法律人评时事	学习辅助
14	邹景宁	月色书香——睡前读书	学习辅助
15	李 卓	时事点评与读书交流小组	学习辅助
16	宋 琦	校园人物访谈	课外生活
17	丛光峰	音乐互助学习交流	课外生活
18	贺文奕	镜头观法大	课外生活
19	王家启	面试素质提升	课外生活
20	徐振波	碰撞火花升华自我	课外生活
21	洪丹敏	且行——旅游地理	课外生活
22	于瑞辰	京剧艺术漫谈	文化艺术
23	许 超	师生共读经典	文化艺术
24	陈兆彦	"关系工作坊"理念在校园生活中的运用	社会实践
25	柴云乐	BUFL——北京大学生足球联赛事规划	社会实践

第二期"友思"学习圈于 2015 年 3 月启动，校团委将支持的团队数量提升至 40 个，资金支持力度也由平均每个学习圈 800 元增加到 1 000 元。与此同时，学习圈加强了团队主题的方向性引导，学习圈主题团队被分为理论学习、课外生活、文化艺术及社会实践四类，学习圈团队的多样性特征得以凸显。为了达到鼓励学生学习传统文化、阅读经典书目的目的，第二期"友思"学习圈增加了对理论学习类团队的支持力度，除此之外，还特设 10 个

名额用于支持同学们阅读学习"校长推荐阅读书目"。最终创立的团队中以读书为主的理论学习类学习圈的数量占到了学习圈总数的60％。同时，第二期"友思"学习圈建立了线上网络监督与线下实地监督的双线监督模式，在不对各个团队活动干预的前提下，保障学校对学习圈团队活动及时跟进了解，增强学习圈团队活动的规律性，有效地提升了团队活动的质量。

编号	发起人姓名	团队名称	分类
1	任心怡	商业案例分析	理论学习
2	王亚伟	向国际化方向发展	理论学习
3	李嘉文	心理学接受与现实疗法	理论学习
4	陈钰	路西法效应：善恶界限的心理研究	理论学习
5	储备	法律的经济分析	理论学习
6	马灿林	中国古典思想重释	理论学习
7	易晨	时政学理研讨	理论学习
8	刘亦斐	学习股票投资	理论学习
9	向高杰	研讨心理学相关问题	理论学习
10	张高宇	国际私法研习	理论学习
11	王娇	资产证券化现状分析	理论学习
12	许慧芳	文学中的法律研讨	理论学习
13	刘晓楠	基础日语学习	课外生活
14	林泓宇	恋爱与性浅谈	课外生活
15	黄天浩	学习学术英语	课外生活

续表

编号	发起人姓名	团队名称	分类
16	李 鑫	提高自习效率	课外生活
17	王 华	走进体育舞蹈 打造健康生活	课外生活
18	吉石香	技术软件学习交流与实际应用	课外生活
19	徐丽莹	罗伯特议事规则学习团队	课外生活
20	李晨仪	手语学习圈——关爱聋哑人	课外生活
21	唐 鑫	事必躬亲模拟真实职场	社会实践
22	文可心	餐饮 O2O 模式下消费者权益保障法律机制	社会实践
23	林皓矾	短期租赁的现状前景	社会实践
24	修青华	法治实践实习观	社会实践
25	黄龙昀	预与立——大学生心理分析及职业生涯规划	社会实践
26	夏晨鹏	弘扬办公文化,提高职场能力	社会实践
27	于瑞辰	京剧艺术实践	文化艺术
28	葛方晨	曲艺研赏	文化艺术
29	袁 华	浅谈围棋及其智慧	文化艺术
30	王阳雪子	名士交友原则和待人处事风格	文化艺术
31	王金晓	现代金融与经济理论研讨及事实分析	校长推荐阅读书目研读
32	陈 宁	阅读《西方的智慧》	校长推荐阅读书目研读
33	周 贺	孔子与老子思想研究	校长推荐阅读书目研读

续表

编号	发起人姓名	团队名称	分类
34	丁甜甜	读书研讨	校长推荐阅读书目研读
35	雍博文	民法学问题研讨	校长推荐阅读书目研读
36	方怡堃	《乡土中国》研习	校长推荐阅读书目研读
37	刘佳奇	研读《国史大纲》	校长推荐阅读书目研读
38	王鹤蓉	校长推荐阅读书目选读	校长推荐阅读书目研读
39	陈珺珺	东西方经典悲剧赏析	校长推荐阅读书目研读
40	唐明清	何为法的精神	校长推荐阅读书目研读

在前两期学习圈的实践基础上，第三期"友思"学习圈进一步完善。第三期"友思"学习圈于2015年9月启动，针对广大同学反映的学习圈容量不足的问题，第三期学习圈将招募在册团队的数量由40个增加到100个，并将所有团队的活动周期由半年延长至到一年。在确保每个团队参与人数维持在8～12人的情况下，第三期学习圈的直接受益人数达到1 000人左右。除此之外，第三期学习圈鼓励引导中国政法大学海淀研究生院与昌平本科校区的老师学生之间的合作和交流，进一步丰富学习圈成员结构，

扩大学习圈的影响力。

编号	发起人姓名	团队名称	分类
1	陈 扬	"Themis"——法学论文写作	理论学习
2	许心悦	债法小白学习圈	理论学习
3	王金晓	货币金融学习圈	理论学习
4	陈雪桃	幸福的陷阱	理论学习
5	王岳川	大数据交易研究	理论学习
6	蒋诗平	研百家言队	理论学习
7	韩 月	Raeders	理论学习
8	倪子岳	维权与生活	理论学习
9	王雯靖	校长推荐阅读书目	理论学习
10	于宗伦	马克思原著学习圈	理论学习
11	杨凌志	《新教伦理与资本主义精神》学习小组	理论学习
12	詹桥进	ACCA 自主学习团队	理论学习
13	钱 瑾	理论学习团队	理论学习
14	董琪瑶	民法研习和相关案例研讨	理论学习
15	刘 盼	公法经典阅读	理论学习
16	克依沙尔·艾尼	天山雪莲	理论学习
17	谢 伟	high time	理论学习
18	李芷馨	理论学习团队	理论学习
19	徐 恒	普通法著作研习	理论学习
20	方 镜	理论学习团队	理论学习
21	唐晓博	民法研习与实务	理论学习

续表

编号	发起人姓名	团队名称	分类
22	方怡堃	人道法小分队	理论学习
23	谢金秋	《通往奴役之路》研读小组	理论学习
24	陈 航	自由的信徒	理论学习
25	刘陈桉	自由的烛光	理论学习
26	郭佳蓉	初级日语学习小组	理论学习
27	于洲 翁晖炀	酷儿与人文主义研究	理论学习
28	武煜又	思哲	理论学习
29	肖 洪	英美口语发音差异根源探究	理论学习
30	徐瑞苑	三联致公	理论学习
31	黄钦毅	八仙过海	理论学习
32	杨 汐	英语学习小组	理论学习
33	王 静	基层政法干警学习小组	理论学习
34	文 婧	哲学研讨	理论学习
35	朱计烨	时政品读	理论学习
36	王和民	SNS 隐私安全探究	理论学习
37	张金一	GDP 核算的调研及误差探讨小组	理论学习
38	张 潇	向法语君开火	理论学习
39	李正新	马克斯·韦伯著作研读	理论学习
40	马 健	创业案例分析	理论学习
41	童博涵	法·译	理论学习
42	刘宗锦	谈判命题与实务	理论学习
43	王 振	无涯斋	理论学习
44	石 烁	托福学习小组	理论学习

续表

编号	发起人姓名	团队名称	分类
45	李 昊	《浮士德》的阅读团队	理论学习
46	王 艳	E – say	理论学习
47	王雅蓉	市场营销学习圈	理论学习
48	朱子惠	思约	理论学习
49	龙泓任	艺林学习圈	理论学习
50	郝文斌	反垄断法研究小组	理论学习
51	高 镤	民法案例小分队	理论学习
52	陈秋蕴	趣味犯罪心理学	理论学习
53	步艳宁	建模建模	理论学习
54	唐小璐	韩语学习圈	理论学习
55	邱瑞琳	心语者	理论学习
56	陈佳静	德语小团队	理论学习
57	李明月	穿梭时空的办公室	理论学习
58	郑书凝	刘智慧老师课题	理论学习
59	王 丹	世界经济与中国贸易	理论学习
60	郝 筠	张文灿老师课题	理论学习
61	吴东璇	CuplReader	理论学习
62	骆 颖	张劲老师课题	理论学习
63	张思颖	Learners Go!	理论学习
64	王玲玲	赵庆杰老师课题	理论学习
65	赵泽宇	DATA	理论学习
66	韩 瑜	房艮孙老师课题	理论学习
67	赵紫琪	白丽萍老师课题	理论学习

续表

编号	发起人姓名	团队名称	分类
68	陈剑宇	在路上	社会实践
69	陈超然	员额制前沿	社会实践
70	孙泽宇	学法人	社会实践
71	罗寰昕	新人法语	社会实践
72	张 驰	舌尖法大学习圈	社会实践
73	陈凯俊	粤语课"慕课"教学研讨	社会实践
74	王婧阳	社会实践团队	社会实践
75	王鹏雅	决胜言谈	社会实践
76	李 奔	思学	社会实践
77	蒋 杰	小说迷	文化艺术
78	蒋宛希	SHAMROCKS	文化艺术
79	虞 晗	江山如画	文化艺术
80	王宇阳	侠之大者（暂定）	文化艺术
81	王鹤蓉	影视艺术鉴赏学习圈	文化艺术
82	莫葭采	《诗经》闲谈小组	文化艺术
83	孙汝靓	文字社	文化艺术
84	张 娜	光影流年	文化艺术
85	李海迪	鲁迅研究会	文化艺术
86	郭 健	"音"梦而生	文化艺术
87	孙雨晴	古琴与太极	文化艺术
88	承丽娟	张爱玲爱好者	文化艺术
89	何金泽	阿卡贝拉清唱团	文化艺术
90	李仁燕	文化艺术团队	文化艺术

续表

编号	发起人姓名	团队名称	分类
91	周一夫	Copperplate	文化艺术
92	包仕宽	军事技能学习圈	课外生活
93	林 敏	关于死亡	课外生活
94	陈佳钰	小白鸽	课外生活
95	元艺欣	篆刻艺术的创新	课外生活
96	谭平芳	撒谎心理研究小组	课外生活
97	唐瑞秸	文化古迹考察团	课外生活
98	饶金辉	Officer	课外生活
99	叶依梦	从零开始心理学	课外生活
100	张 珺	课外生活团队	课外生活

　　总结吸取了前三期学习圈的经验后，第四期"友思"学习圈继续进行改进。第四期"友思"学习圈于2016年9月启动，这一期学习圈仍选拔100个学习圈团队，每个团队人数为8~12人，并在两个方面做出改进。首先，本期学习圈放松了对于学习圈活动监管的力度，取消线上监管，保证学习圈的自主性。同时，充分利用网络资源，论坛与微信平台的大量使用，增加了各个学习圈团队相互交流学习的机会，促进了经验的借鉴，有利于学习圈团队的良好运行，也使得学习成果为更多人所享，进一步扩大了学习圈的影响力。

编号	发起人姓名	团队名称
1	杨子阳	百年孤独
2	韦嘉怡	雅思备考
3	闫龙飞	有法可医
4	张晗	稽下刑议
5	李正新	大变革时代的社会学本土化研讨小组
6	赵子林	围棋部落
7	曾超鹏	Witness
8	蔡轩	友记方言研究组
9	李纪良	历历万乡
10	赵潇宇	以辩　论公正
11	孙少卓	法大人文学习圈
12	张博	iMusical
13	张原	纪束学习组
14	牛童	法学方法论研讨小组
15	郭鼎玮	海外汉学读书会
16	丘玉莹	法英嘤嘤嘤
17	贾煊哲	经国纬政
18	刘静妮	农村社会学视角下的费孝通研读小组
19	陈亨维	SPSS 软件学习应用圈
20	刘宇政	法大 computer
21	宁天琪	hogwarts express
22	陈绍连	金鹰民法
23	邹妍	EUROSTARS
24	李沛	王泽鉴"天龙八部"阅读圈

续表

编号	发起人姓名	团队名称
25	于国强	《中国的历史》研讨小组
26	李妍欣	儒学经典"四书"研读
27	倪爽	BU English
28	王晓涵	考试全队
29	潘蔓玲	网页制作小分队
30	武振国	LPI 小组
31	王金晓	国际经济法论文讨论
32	项先正	《四书五经》小私塾
33	赵佳玲	The Economist
34	熊彩霖	taking sides 阅读小组
35	苏醒	小小竹
36	刘林威	日本語の旅行
37	潘昕昀	《理想国》学习圈
38	苑阳泽	我读《人间词话》
39	李婉婧	经济法 er
40	张潇	向单词开火哒哒哒
41	尹娜	电影研究学习小组
42	李晨宇	boenos dias!
43	刘龙宇	灵心手语
44	彭思远	音悦
45	周钰莹	法律英语学习小分队
46	石超杰	文字社
47	陈润平	探寻国家——柏拉图政治思想研究

续表

编号	发起人姓名	团队名称
48	马嘉骏	私法案例研习
49	洪英雅	女性小说阅读——以门罗小说为主
50	王艳	OS&UFO
51	朱美能	Infinity
52	徐法淳	粤球漫步
53	方镜	女性主义经典理论书籍阅读
54	王鹤蓉	声之漾　配音学习圈
55	姜欣辰	现象学学习圈
56	陶鹏远	红色太平洋·民法案例研讨小组
57	聂梓锋	《洞穴奇案》研讨小组
58	贺雨欣	漫步美学——理论与实践的研究
59	赵钰	泛舟经典
60	李萌	En‐joyers
61	翟润景	DEK
62	马骁	Speak Out
63	张佳钰	法大曲艺学习与鉴赏小组
64	汪洋	让我们欢乐地学习法导
65	蒙露	围棋兴趣部落
66	周素华	债法总论学习圈
67	吕卿	《国史大纲》学习小组
68	石权耕	图书馆文献检索及数据库使用
69	陈弱霄	法大常旅客学习圈
70	高宇晴	楼风亭韵

续表

编号	发起人姓名	团队名称
71	李新豪	刑思法案9人行
72	温鑫庸	西语吉他圈
73	薛宁莹	学霸附体
74	杜沛育	INXS
75	陈泽宇	赢释学习组
76	张寒梦	红楼梦研读小组
77	刘国瑜	沟通的艺术
78	徐昊	我们都爱王小波
79	蒋若楠	断舍离
80	王湘琦	西班牙语DELE A2互助学习圈
81	古锦平	平面设计朋友圈
82	冯瀚元	一线天摄影学习圈
83	于木横	Tu，je，il
84	单海粟	宗教学研究小组
85	刘子巧	屏幕里的网购
86	马丹婷	声动我心
87	张齐才	one +
88	骆颖	家庭亲密关系探究
89	龚雨瑶	See it now! 话剧鉴赏圈
90	张玲	网球学习圈
91	徐浩	《合同法总论》研读小组
92	黄凯	中医学习圈
93	符翔宇	高校街舞文化研究小组

续表

编号	发起人姓名	团队名称
94	余鹏文	"会说话的鉴定人"
95	陶雅雯	曲水流觞书画圈
96	樊家明	love twelve
97	陈佳民	羽毛球进阶技术学习圈
98	李慧萍	"光影内外"学习圈
99	陈思颖	源氏物语小分队
100	祝晨旭	"技艺工作室"

第二节　"友思"学习圈的理论基础

"友思"学习圈在构建时，以瑞典学习圈的基本理论、合作学习理论为基础，同时参考借鉴认知精制理论、人本主义学习理论等其他教育理论，寻求构建一种适应当下高等教育改革的新型教育模式。

一、瑞典学习圈基础理论

瑞典学习圈的构建理论主要来源于其发起者——奥斯卡·奥尔森。奥斯卡·奥尔森认为，学习圈的构建需满足四个要素：一是学习费用应是廉价的，不应有人仅因经济原因而放弃学习；二是学习方法应是简单的，无论其曾受教育程度的高低，人人都能参与；三是参与者都有相同的机会来表达自我，在规划学习方面都有发言权；四是在学习圈中，书本和图书馆起着举足轻重的作用。学习圈的设计价值在于无论贫富，人人都可以有机会学习，每一个学习圈的成员都有机会来表达自己的意见，大家在轻松活跃地氛围中快乐地学习，最终通过在学习圈中学习，人人都乐于探索、敢于质疑并培养起自主学习的良好习惯。

根据奥斯卡·奥尔森的理论，理想状态学习圈有以下的主要特征：

1. 学习者自愿参与。不强迫他人参加，也不会强制排斥有意愿的参与者。

2. 团队人数主要取决于"能否确保每个成员都能够积极地参与到学习活动中"，一般由5~10人构成。

3. 大多数的学习圈应该每周开展一次活动，每次两到三小时，并持续两到三个月，甚至更长时间。

4. 活动一般在晚上开展，以确保大多数人能够参加，即协调全体成员空闲的时间开展学习圈活动。

5. 大多数学习圈的组织者都是某一领域的专家，即便不具备专业素养，但要求他们能够尽责地使整个团队保持专注于学习目标。

6. 学习圈一般以研讨会的形式开展，注重对话交流，而非单一的说教讲课。

7. 强调参与者主体地位的平等性，即便组织者也不能例外。活动开展的时候，大家要坐成一个圈，这也是学习圈名字的由来。

8. 参与者个体的知识、阅历是学习圈本身的重要资源，在讨论中要尽量将阅读内容和讨论的话题与参与者的个人体会相结合。

9. 在每次学习圈活动确定某个议题时，相应地，就需要阅读的书目、分工与协作等方面都做出明确的安排。

10. 学习圈没有考评机制，可以作为参加正规教育的学前教育尝试。

11. 学习圈活动议题的选择应当是没有任何限制的，但应是每个团队成员都能够力所能及的方向。

在奥斯卡·奥尔森看来，学习圈的人数要适中，人太少不利于思想碰撞，人太多则不利于深入交流；学习圈贵在持之以恒，因此举办时间要规律，这样学习才有成效；学习圈的形式多元，以轻松的研讨交流为主，避免严肃沉闷的说教授课。这些有关学习圈人数、学习圈活动时间、学习圈活动形式的看法无疑为"友思"学习圈的构建提供了良好的理论参考，"友思"学习圈的构建模式很大程度上参考借鉴了奥斯卡·奥尔森所提倡的学习圈运行模式，即强调"无领导"式平等交流，强化学习者个体的"自主学习"意识，在设计构建和具体实施中，以培养学习者的交互能力、实践能力、学习能力和创新能力为中心，指导参与的师生群体探索启发式、探究式、研讨式、参与式教学方法，以此为突破口，搭建增益当代大学生学习与发展能力的平台。

二、合作学习理论

(一) 建构主义学习理论

建构主义学习理论认为，不能对学习主体作共同起点、共同背景，通过共同过程达到共同目标的假设。学习者是以原有的知识经验为背景接受学习的，不同的学习者之间不仅是知识基础层次的不同，更为关键的是思维角度和方式不同，因此不能设想所有人都一样，而应以各自背景作为产生新知识的增长点。知识不是统一的结论，而是一种意义的建构，即"学习过程不是学习者被动地接受知识和由外向内的传递过程，而是积极地主动地建构知识和经验的过程，也就是说学习的结果不是学生接受了知识。而是学生个体知识经验得到了改组"。因此，根据构建主义理论，"友思"学习圈的设计价值就在于其对现有高等教育教学模式的有益补足和对学生的启发，其目的在于增进参与者之间的合作，使每一个参与者阐释个人的观点、思想，分享自己的阅历、经验，并形成与他人的互动，最终在参与者一起讨论和交流的过程中，完成整个学习圈对预设目标的团体学习任务。

(二) 社会互赖理论

社会互赖理论主要研究个体间在合作性和竞争性社会

情境中相互影响时的行动效率、内在心理过程、互动方式及结果。它通过积极互赖、消极互赖和无互赖等三种形式，分别产生促进性互动、反向互动和无互动，从而导致相应的结果。要使学习圈开展合作学习卓有成效，就要在活动开展的整个过程中努力使参与者之间产生积极互赖，并尽可能地减少甚至避免消极互赖和无互赖。同时，积极互赖的发生、运作是通过加强个体责任感来实现的，因为其需要小组成员共同工作，才能够完成一些超越个人成功的事情，这样就能够让小组成员意识到自己有双重责任，积极互赖强调小组成功需要每个小组成员的共同努力，并且由于每个小组成员有不同的角色和责任，他们对小组成功都有自己各自的贡献。小组成员不仅意识到有责任完成自己的那部分工作，而且对于小组结果也抱有一种责任感。每个人都认为自己在其他小组成员的学习过程中是起作用的，而其他的小组成员对他自己的学习也是有帮助的。

而促进性互动强调的是参与者的社交技能和小组的反思过程。因此，社会互赖理论研究在互赖形态设计、个人责任设计、互动方式设计、社交技能设计和小组反思设计等五个方面，"友思"学习圈与之相对应的是研讨主题兴趣化、发起人召集模式、启发式交流活动、组织交互能力培训、总结分享活动五个方面设计。

在"友思"学习圈的研讨主题兴趣化方面，每一个

"友思"学习圈首先是由志趣相投的同学组成，他们依据相同的兴趣拟定了未来共同探讨的主题，共同的志趣无疑加强了"友思"学习圈小组成员间的学习效率和互动。在发起人召集模式方面，每一个"友思"学习圈是由一名发起人召集几名同学而组成的，发起人不是领导者，而是与其他参与者处于相等的地位，发起人的作用更像是凝合剂，将一群可能相互间不认识但拥有同样爱好的人聚集在一起共同探索。在启发式交流活动方面，首先"启发式"是一种教学方法，其主要是指教师在教学工作中依据学习过程的客观规律，引导学生主动、积极、自觉地掌握知识的教学方法，但这种教学方式是处于师生之间，难免会出现"教课授课"的情境，而"启发式交流"更添几分平等之意，这与学习圈平等的精神相契合，所以启发式交流可以让学习圈成员积极发言，主动掌握知识，与此同时，相互交流还加强了每个人的责任感并让其获得了成就感——自己和他人都掌握了新知识，从而又加强了相互间的依赖感。在组织交互能力培训和总结分享活动方面，根据社会互赖理论，则与参与者的语言组织能力和语言表达能力密不可分，这两方面考验着参与者的社交技能并且也引导学习圈小组成员养成反思的良好习惯。

（三）群体动力理论

群体动力理论由德国心理学家库尔特·勒温（Kurt

Lewin）提出。勒温认为人的心理、行为决定于内部需要和环境的相互作用。所谓"群体动力"就是指群体活动的方向，群体动力理论的宗旨是寻找和揭示群体行为与群体中的个体行为的动力源，从心理及社会环境两方面去寻找对群体以及个体行为的推动力量。它认为，要改变个体，最好从改变他生活的群体入手，因为任何一个人都有一种群体归属感，都不愿意被他所属的群体厌弃。群体也是一个动态的过程，从一个阶段发展到另一个阶段，其发展的走向直接与群体的素质密切相关。

一般的群体动力系统包括三大要素：凝聚力、驱动力和耗散力。凝聚力是促使成员维系在一起的情感因素。影响凝聚力最大的因素是成员的精神充实程度。凝聚力主要表现在两个方面：一为目标凝聚力。个体受群体目标吸引，并内化为自己的追求。二为归属需要。归属群体可产生安全，依靠群体可以互相弥补，相互帮助，分担压力。因此依据凝聚力的理论，我们可以发现如果"友思"学习圈在启动之初就选择较有研究价值的课题，那么对于求知若渴的组员来说，吸引力毫无疑问是巨大的，越有可能产生较好的研究结果，甚至可以为以后的市创新项目和国家创新项目奠定良好的基础。此外，物以类聚，人以群分，对于学生而言，总会选择融入那些积极向上、学风浓厚的群体，而"友思"学习圈则是这类优秀群体的典型，诸多"友思"学习圈的启动，则保障很多同学拥有这样的机会来塑造更好的自己,学校通过对"友思"学习圈的宣传,使一批又一批的学生耳濡目染,大家在争相弘扬"友思"精神的同时,也不断鞭策自己,获得了精神上的愉悦。

驱动力是创造群体效应、促进群体发展演化的动力因素。成员的追求、能力、兴趣、人际、意志等是群体驱动力的原动力。在群体中,这些原动力相互激发共同作用,可产生高于个体的效应。首先是航标驱动力,即对于群体而言,航标主要是起到了凝聚力的作用,但对于个体而言,航标则主要起到了驱动力的作用。个体在群体目标感召下,会突破重重障碍,向着既定的航标努力,形成你追我赶的局面。其次是典型驱动力,群体的核心与其核心的确立是分不开的,比如学习优秀、思想深刻、意志坚定并且已被其他成员接受的成员,就是所谓的群体核心。最后是条例制度驱动力。所谓没有规矩,不成方圆。个体都希望在群体中占有一席之地,受到其他成员的认可,通过条例制度和管理办法。将竞争机制引入群体中,可以激发个体的潜力。因此,依据驱动力的相关理论,"友思"学习圈的课题选择难度需适中,若是过于简单,则会使成员丧失动力,若是难度过大,则会使成员产生畏难情绪,所以在"友思"学习圈正式成立之前,社联会进行严格的答辩程序,对课题进行仔细地审核,同时在第三期"友思"学习圈活动中,负责的学生组织创新性地邀请了学校部分老师担任某些课题的指导老师,从而更好地指导课题研究。

此外，虽然"友思"学习圈中参与者的地位都是相等的，不存在激烈的竞争，但是"友思"学习圈仍需要一系列的制度规范，比如社联会对"友思"学习圈进行中期审核，针对"友思"学习圈制定一套相应的监督制度，实现对其线上线下共同监督等。

耗散力是指在群体各成员内部的相互激励不仅能产生凝聚力和驱动力，而且也会形成一个耗散势场，产生耗散力。耗散力的存在破坏群体凝聚力，影响群体绩效，应努力避免。群体耗散力来自于冲突，冲突有很多表现：有个人与群体在目标追求上的冲突；有个人行为与群体规范的冲突；有人际关系的冲突；有道德标准的冲突；也有价值观念、利益物质冲突等。因此，耗散力理论同时也给我们敲响警钟，"友思"学习圈虽然是一种高效的学习手段，但是作为一个小群体，成员之间难免会有摩擦，如何避免这些小摩擦升级为大冲突，则需要群体成员共同的理解与包容，这同时也是对学习圈成员交际能力、危机处理能力的考验。

（四）社会凝聚力理论

从社会学的角度来看，社会凝聚力主要是指社会成员之间结合上的协调性和整合性。较高的社会凝聚力表现为社会成员共同一致的合作行为，这种行为要求社会成员必须在目标、利益和相互关系上具有一定程度的协调性和整合性。共同的目标、一致的利益和协调的社会关系是维持社会凝聚力的三个重要方面，没有共同的目标和一致的利益，任何社会群体都不可能达到真正的内部协调与整合，而没有协调的社会关系作为合作的基础，共同一致的目标和利益也不可能表现为高度协调的合作行为。因此，根据社会凝聚力理论，我们深刻地认识到，"友思"学习圈不能仅仅凭借兴趣，也需要理性的规划、相互的理解和持之以恒的共同努力。所以"友思"学习圈为保证参与者保持长期的积极性，以发起人提出团队研究的主要方向为成员共同的学习目标，每次具体活动的议题都围绕该方向展开，并事先根据成员共同协商的任务内容进行分工与协作，每次活动前，成员都根据分配到的任务自主选择相关阅读内容，在每次的活动中，成员结合自身体会阐述阅读内容和感悟，最终使得每位参与者都能从中获益。

三、其他教育理论

除了瑞典经典学习圈和合作学习理论这些主要理论以外，还有一些理论也为"友思"学习圈的构建提供了很好的参考。"友思"学习圈的轮廓从这些理论中逐渐成型，通过四期的实践逐渐摸索出属于自己的发展模式。

(一) 认知精制理论

认知心理学的研究表明，如果要使信息保持在记忆中，并与记忆中的已有的信息相联系，学习者必须对学习材料进行某种形式的认知重组和精制。学习中的精制是指为了使人们更好地记住正在学习的东西而做的具有充实意义的添加、构建，或者生成。著名学者王坦指出，使信息保持在记忆中最为有效的方式之一是向他人解释材料，在语言表达和倾听的过程中，表达者和倾听者均能受益匪浅。在合作活动中，受益最大的是那些给他人做详细解释工作的学生。倾听详细解释的学生比单独工作的学生学得多，但作为解释者的学生学得更多。依据认知精制理论，"友思"学习圈的设计价值在于给与团队成员表达的平台，而表达就意味着向他人解释自己的思想及新的知识，这样可以使表述者和倾听者更好地理解信息。相比独自学习的人而言，"友思"学习圈的学习成果可以使信息更持久、有效地保存在大脑中。从认知精制理论出发，"友思"学习圈需构建起科学、高效、可操作性强的运行模式，才能有效地促进团队成员对于知识内容的理解与把握。

（二）认知发展理论

该理论是由发展心理学家让·皮亚杰（Jean Piaget）提出，被公认为 20 世纪发展心理学上最权威的理论。皮亚杰认为，智慧就是适应，是一种最高级形式的适应。他用四个基本概念阐述他的适应理论和构建学说，即图式、同化、顺应和平衡。图式即认知结构，"结构"不是指物质结构，是指心理组织，是动态的机能组织。图式具有对客体信息进行整理、归类、改造和创造的功能，以使主体有效地适应环境。而认知结构的建构是通过同化和顺应两种方式进行的，同化是主体将环境中的信息纳入并整合到已有的认知结构的过程，是主体过滤、改造外界刺激的过程。通过同化，加强并丰富原有的认知结构，使图式得到量的变化。顺应则是当主体的图式不能适应客体的要求时，就要改变原有图式，或创造新的图式，以适应环境需要的过程，顺应使图式得到质的改变。平衡是主体发展的心理动力，是主体的主动发展趋向。皮亚杰认为，人类一生下来就是环境的主动探索者，他们通过对客体的操作，积极地建构新知识，通过同化和顺应的相互作用达到符合环境要求的动态平衡状态。

将皮亚杰的理论结合"友思"学习圈的具体实践，我们可以发现"友思"学习圈成员通过学习圈活动的交流与学习，实质上是"智慧的交流"，他们原来的知识体系发生变化，开始不断收纳新的知识，从而掌握了新的知识并将它应用到未来的学习生活中。在新旧知识的不断碰撞中，团队成员也在适应着日新月异的社会环境，不断进步。当然，许多教育改革的尝试都发挥着这类认知发展的作用，但是"友思"学习圈这一形式，因其持续时间较长，频次较为固定的特点，相较之其他改革尝试更为有效。

（三）人本主义学习理论

这一理论主要有两位代表人物——马斯洛与罗杰斯。马斯洛曾指出"人是永远不能满足的动物"。他认为人类的需求大致分为五类：生理需求、安全的需求、对友爱和个体归属的需求、受尊敬的需求、自我实现需求，后来他的学生根据其研究又补充了三点需求：求知、求美、天人合一。根据需要层次理论，"友思"学习圈的设计价值就在于满足大学生求知的、求美的需求，帮助大学生逐步接近自我实现的目标。当学生从高中步入大学，从高中紧张的节奏中突然脱离，在面对轻松而自主的大学生活时，很多大学生一开始会有些茫然甚至开始自我松懈、整日沉迷于网络游戏中。虽然大学的课程种类较多，但课程量远少于中学时期，所以大部分学生都有大量的课余时间。兼有学习和娱乐性质的"友思"学习圈则可以充实大家的课余生活，不仅不会加重学生们的学业负担，而且还使学生在空闲时间发展自己的兴趣爱好，起到了一举多得的作用。

罗杰斯认为学习应从真实的问题开始，要想让学生学会做自由自主和自我负责的人，就必须让他们面对真实的问题。引出真实的问题的方法在于从学生中间发掘出现实的而又与所教课程相关的问题，从而提供解决真实问题的情境。罗杰斯说，在促进学习的教学中，促进者的主要时间不是放在传统教师的组织教案和讲解上，而是花在学习材料的搜集和提供上。"相对于把大块的时间都花在备课和讲课上，促进型的教师集中精力于提供各种学习资源，以使学生进行切合自身实际需要的学习。他们也花时间去思考和设计这些材料的显示方式，以优化或者简化学生在研究消化这些材料时实际的和心理上的步骤。"

罗杰斯还认为，使用学生合约（student contracts）是一种有助于学生在自由学习气氛内保证学有所得、并对学习承担责任的方式。合约允许学生在课程规定的范围内制定目标、计划他们自己想做的事情，并确定最终评价的准则。在给予学生自由的同时，也让他们具体地明白自己该实现的目标，把督促、评价的工作有效地交还给学生自己，通过这种方式不但有助于学习效率的提高，而且还培养了学生的独立负责态度。

罗杰斯十分推崇自由学习，但又认为学生有自由选择传统教师指导的不怎么自由的学习方式，人本教育不应把自由学习强加给不需要的学生。因而，他主张首先把学生分为自我指导组和传统学习组，学生可以自由选择、自由进出。同时，在自我指导组内，可以依据学生的兴趣、爱好、课题进行分组，充分调动学习的自主性。他十分有远见地认为，学会探索比掌握任何固定的知识更有价值，教师在教学中设置探究的环境，为学生探究活动提供资源、时间上的条件，使学生得以自主发现，在简单层次上体验科学探究的快乐，这是现代教育所必需的。

因此根据罗杰斯学习理论，"友思"学习圈的设计理念在于让学生自己发现问题，这样才能让学生学会做自由自主和自我负责的人。罗杰斯认为在新型的学习形式——促进教学中，促进者的主要时间不是放在传统教师的组织教案和讲解上，而是花在学习材料的搜集和提供上。"友思"学习圈注重的恰巧正是这一点，在每次学习圈活动之前，每个成员都需要搜集大量的有关资料，并且需要花时间去思考和设计这些材料的显示方式以此来节省他人研究这些材料所需要的时间。除此之外，通过"友思"学习圈，学校为学生探究活动提供资源、时间上的条件，使学生自主发现。

第三节 "友思"学习圈的特点

基于特定的教学思想或理念构建的具有结构性、稳定性和可操作性的教学方式和活动程序直接影响学生的学习成效和积极性，为了创新教学模式而创立的"友思"学习圈，伴随着四期活动的开展，其运行模式不断得到完善，创新教学模式的效果日益显露。在合作学习基础理论的指导下，"友思"学习圈有效地借鉴了经典学习圈"自主交互式"的教学实践模式，形成了以兴趣性、自主性、平等性、稳定性四个基本属性为特征的新型教育教学模式。

在探索创新的根本使命与基本职能的过程中，兴趣性、自主性、平等性、稳定性逐渐显示出其优势，它们与自由、活力相联系，成为创新的源泉与基点。兴趣性是活动开展的前提和基础，自主性是活动运行的根本动力与动力源泉，平等性是活动持续开展的必要条件，而稳定性则是活动持续开展的根本保证，四大属性相辅相成、环环相扣，构成了"友思"学习圈的核心规律，围绕这四个属性，"友思"学习圈的概念有了完整的内涵。

一、兴趣性

兴趣性是开展"友思"学习圈活动的前提，也是四大属性中最基本的属性。兴趣体现的是个体或群体对于某件事情的关注程度，它是一剂强有力的兴奋剂，能够激励人们为自己所热爱的事务不遗余力地付出，却丝毫不觉疲惫。在做自己感兴趣的事情时，人们总会显示出惊人的耐心与毅力，这正是"友思"学习圈极为重视兴趣性的原因。兴趣性作为"友思"学习圈的基本属性，它强调活动的开展以个人意志与兴趣为根基，鼓励学习圈团队充分发挥兴趣性的先导作用，让学习圈团队成员在拥有共同兴趣的基础上自主、平等、稳定地开展学习活动。在"友思"学习圈中，兴趣性体现在学习圈参与者共同研究兴趣的聚合点——从团队组建到日常活动开展，从考评机制到团队主题引导，兴趣性贯穿于学习圈活动的始终。

在学习圈团队的组建时，每个"友思"学习圈团队都有一名发起人，也就是团队组建后日常活动的召集人，学习圈的发起人首先确立自己感兴趣的主题，团队的其他成员采取自愿报名的方式。确定研究主题后，发起人通过网络公众平台向全校同学公开进行团队组建招募，对既定主题感兴趣的同学可以联系学习圈发起人申请加入团队，发起人在保证团队人数的基础上选择报名者，实现发起人与参与者的"双向选择"。在整个团队组建的过程中，同学们决定是否建立与是否参加一个学习圈的唯一标准就是对研究课题是否具有兴趣。将兴趣性融入团队组建中，从团队成立时就保证了团队成员互相之间的吸附力，有助于将每个成员的兴趣性转化为学习过程中团队的凝聚力。

在活动开展的过程中，兴趣性起到了重要的支撑作用。活动开展的过程就是兴趣性向学习成果的转化过程，学习圈团队成员"志同道合"，形成一种理想的合作学习模式。在传统的教育教学模式中，学习的内容主要是书本上的知识，不考虑参与成员自身的兴趣，学习形式也只是简单的将成员聚集在一起，开展单纯的"形式化"教学。这种学习模式无法调动整个团队成员的积极性，所收获的学习成果有限，而"友思"学习圈的日常活动却是以"兴趣性"为核心，充分考虑到不同团队、团队不同成员之间的差异性。学习圈日常活动主题选取范围广泛，从理论学习到艺术、体育、社会实践等健康向上的领域都有所涉及，每个团队的学习内容由团队成员依据学习意愿自主确立。在活动中，团队成员围绕选定的兴趣主题进行自由开放的思想观点碰撞、经验和知识的共享以及兴趣爱好的深入交流，给予了法大师生更多学习课堂之外的知识、技能的机会。

从监管与考评机制的角度来看，"友思"学习圈的考评模式一改传统教学模式中"集中测试"的考评，它采取以学期为周期进行展示性分享活动的考评，这种方式在展示学习活动的同时又分享了学习成果，促进各团队共同进步。这种分享式的考评机制在一定程度上能够扭转传统的"应试"学习观念，减少学习目的中的功利化因素，引导提升学习过程中兴趣性的趋向。

同时，把握"友思"学习圈的兴趣性属性也是引导学习圈主题健康多样的重要途径。"友思"学习圈的兴趣性在一定程度上决定了其研究主题与团队成员的多样性，为了进一步引导学习圈发挥这种优势，丰富学习圈成员结构，打破地域的限制，促进校内师生的交流互动，"友思"学习圈鼓励跨专业、院系、校区的成员组建团队进行学习。"友思"学习圈在继承传统学习圈自由组队、平等交流的特点同时，在招募团队时鼓励跨院系、校区的师生合作交流，目前建立的所有学习圈团队中，90%以上的团队都是由不同学院的成员构成，丰富的学习圈成员结构使团队成员交流更为广泛。从第三期"友思"学习圈起，更是引导中国政法大学研究生院与昌平本科生院两校区的老师学生进行交流互动，最终"马克思原著学习""影视与艺术鉴赏""自由的烛光""古琴"等10个跨校区学习圈团队成功组建，学习内容涵盖理论阅读、传统文化、文学艺术等诸多方面，有效地促进了两校区内具有相同兴趣爱好的师生间的交流沟通，拓宽了学生的知识视野。

为激发法大学子对于人文理论知识的兴趣，从第二期"友思"学习圈开始，校团委在招募团队时进行了主题方向性引导。为鼓励更多同学学习传统文化、积极阅读经典书籍，"友思"学习圈提倡更多的同学组建理论阅读类学习圈。在第二期"友思"学习圈团队中，以读书为主的理论学习类学习圈的数量占到了学习圈总数的60%，其中30%以上的团队直接以"校长推荐阅读书目"为固定主题内容进行阅读和活动。为配合学校的课堂教学和学风建设，第三期"友思"学习圈在继续增加校长推荐书目学习圈数量的同时，进一步提高理论学术类学习圈的招募比重，并联系校内受同学们欢迎和有相关学术研究需求的六位老师作为部分类型的学习圈团队的指导老师，以这些老师提出的主题组建辅助学科学习研究的学习圈团队。名师助阵这一举措加强了老师与同学的互动，在名师的指导与示范作用下，更多学生加入到学习圈活动中来，进一步实现了校团委促进法大学生全面发展的服务和引领的作用。在第四期"友思"学习圈中，进一步扩充学习圈移动式借阅书库，即由校团委购置学习圈所需图书，各学习圈团队均可借阅。移动书库的建立，既方便各学习圈团队阅读经典，又增加了对于主题方向的引导作用。

在传统的教学模式中，教学管理普遍使用"学分制"——学生根据培养方案开展自由选课，以教师为主导的传统教学模式为主，思维习惯倾向于知识记忆型。但分散式、固定式的选课制度和学生管理模式造成了学习者很难重视到自身的兴趣，以"凑学分、刷绩点"为目的的学习普遍存在。"友思"学习圈兴趣性的属性旨在引导学习圈团队围绕兴趣所在自主运行，在无人监管的情况下也能正常并有效率地运作。学习圈注重兴趣与学习主题的活动观念与灵活而自主的组织形式让具有共同兴趣的学习者在"无压力"的环境下开展交流活动，以小组平等交流、自由讨论为主要学习形式，增添学习的趣味性，既有利于团队个人自主学习、自由讨论、自我省思，又能使团队成员间相互合作、相互帮助、相互启发。

二、自主性

自主性是开展"友思"学习圈活动的根本动力，活动开展的持续度主要依靠参与成员的自主性。"友思"学习圈的自主性体现为当成员加入到某个学习圈团队后，积极主动地参与该学习圈的各种活动以及自主学习，以此获取相应知识，拓宽视野，激发学习圈团队的活力。自主性强调的是自身的主观能动性，这一点是与传统课堂教学模式的重要区别。在传统教学模式中，学习过程的开展以强制性或半强制性为基础，以此作为活动开展基础会直接打消成员进一步思考探究的积极性。在"友思"学习圈的学习模式中，成员加入团队后受兴趣性的驱动主动开展学习活动，推动团队建设。这种自主性能够有效地推进学习圈活动的开展而落实到具体活动组织形式中，"友思"学习圈也处处体现与维护着团队开展活动的自主性。

"友思"学习圈活动的自主性必然要求活动的监管模式居于辅助地位，在学习圈活动的日常管理中，监管制度仅仅是为了确保各个团队合理使用支持资金和其他公共资源。在不干扰团队活动的大前提下，"友思"学习圈采取"线上为主，线下跟进"的监管方式。线上监管主要以学习圈团队打卡签到的形式开展，这种形式避免了对学习圈团队的过度限制，引导团队活动更加注重自身需求，而非符合某种活动评价指标。从参与团队视角出发，这种开放的监管模式能够为参与者带来自由的学习感受，让团队在开展学习活动时不受固有观念的拘束，间接地向活动参与者灌输自主学习的活动理念。

在成果分享上，"友思"学习圈设立特有的宣传平台，各团队自行制作相关成果分享内容，成果分享的形式、内容、时间均由学习圈团队自主确定，宣传平台将统一发布各团队的学习成果，将学习圈的学习方式和成果向全校同学进行宣传和推广。成果分享是学习圈自主性特征的特殊体现，线上成果的输出是"友思"学习圈活动的一项重要组成部分，通过线上的分享与在线讨论，能够有效地补充线下活动中遗失的问题点。同时，学习成果的分享对于其他团队成员具有极大的带动作用，成果分享的及时性进一步增强了同学们的参与欲望，形成"产生好奇感——激发研究兴趣——主动参与学习"的心理效应，实现活动开展的自主性。

前期的学习圈活动主要通过各个团队的微信、微博、人人账号进行成果分享与成员互动，这种互动形式具有交互性强、沟通及时便捷的特点。在学习团队开展学习活动后，团队成员随时随地将活动的视频、影像、文字资料进行上传，分享给其他同学。这些社交平台通讯的及时性有效地带动了团队外成员的参与热情，通过线上留言、回复的形式能够向特定的对象较为全面地展示学习成果。

第三期"友思"学习圈建立起一款学习圈统一的信息网络交流 APP 平台，这款 APP 的利用将学习成果通过手机应用软件和电脑平台两种渠道同步推广。在学习圈活动开展时，学习圈团队可以登录 APP 进行活动记录，需要提交的表单中不仅仅包含活动举办时间、举办地点、参与成员等基础性问题，还设有活动概况、活动成果分享等活动信息。各团队提交的信息最终都会汇集到 APP 的管理后台，形成一个庞大的成果数据库。数据库能够快速检索、定位学习团队，便捷地处理大规模的活动数据，并对分享内容进行形式化审查。在对活动信息进行筛选后，管理后台会将具有推广价值的学习成果结合线下采访进行推送，整合分散资源，扩大宣传的力度。

线上分享平台的革新是维持学习圈活动自主性的一项重要保障，线上 APP 平台让同学们能够随时随地了解学习圈学习动态并参与学习圈活动，这种技术的运用让活动的开展更加便捷，参与成本大幅降低，打破同学们因客观限制性因素而不能落实自主学习的束缚，为同学们自主开展活动提供便利条件。同时，互动分享的轻便化让学习圈团队更加注重分享内容的价值，反向激励着学习圈团队开展更为精细的高质量活动。这种激励作用就是学习圈活动自主性导向作用的外化，也是学习圈团队得以发展的根本原因。但是目前 APP 平台仍存在不足之处，统一化的宣传使得学习圈团队学习成果分享的及时互动性有所降低，不能达到实时分享、实时互动的效果，解决这一问题也是线上分享平台下一步改革的重点方向。

"友思"学习圈活动的自主性突出体现了校团委探索德育工作的新思路、新途径和新方法。传统的课外活动只是为了配合教师在课堂上的不足而成立，仅仅为了完成教学任务而机械地复制第一课堂，而"友思"学习圈的自主性在强调"无领导"式平等交流的基础上，"友思"学习圈指导参与的师生群体自由、互助地探索研讨式教学方法，将团队合作、自主学习的学习观念普及到了广大同学中，起到了配合、衔接法大课堂教学的作用，有利于构建学生自主阅读、自主学习新模式，并营造了良好的校园读书氛围和浓郁的学习风气。自主学习的风气符合"学校教育育人为本，德智体美德育为先"的要求，为培养全方位人才创造了良好的校园文化氛围。

三、平等性

在"友思"学习圈的四大属性中，兴趣性与自主性是以学习圈参与者为出发点，平等性则是以学习圈团队的整体作为出发点。平等性是针对团队中的所有成员而言，保障学习圈活动开展时团队内部维持一种相对和谐的状态。在"友思"学习圈中，平等性是指学习圈内所有参与者在学习活动中的身份平等。平等性是学习圈团队开展活动的过程中凸显出的最明显的特性，这里的平等性是强调参与者主体地位的平等，而不是指法律地位的平等。在确定选题、开展活动的过程中所有学习圈团队成员都对该学习圈享有平等讨论、共同利用资源的权利，尤其是在发言、讨论等活动环节中，发起人和其他成员享有平等的发言机会。"友思"学习圈的平等性主要体现在团队构建与日常活动上。

"友思"学习圈团队成员的构建模式就是以平等性为

基础建立起来的，在组建模式中，每个团队都会有一名发起人，发起人的主要职责是召集团队成员并组织开展活动，但每一次具体活动的主题却是由团队成员共同商议决定，以此保证各团队成员选择研究主题的平等。"友思"学习圈为了淡化不同成员的差异，搭建了学习圈团队间的交流沟通平台，促进各学习圈团队间的相互学习，每名成员都可以作为学习圈团队的代表参与到活动中。这种团队主人翁意识的培养让学习圈团队成员能够自觉地形成个人主导、共同讨论的学习观念，这也正是学习圈活动中平等性的价值意义所在。

学习圈活动的平等性同样体现在一些团队之间的交流活动上，每个学习圈团队以独立的身份参与互动交流中，自然就形成了学习圈成员对于整个团队的"代表感"，这种身份意识使得发起人与团队成员的身份区别进一步淡化，促进了学习圈在日常活动中平等的交流与互动。每期学习圈活动所组织的成果分享会与小型交流会让团队成员在日常活动之外增加了更多的接触机会，这种分享交流式的互动能够迅速拉近团队成员之间的距离，将合作者的身份转变为关系更加亲密的朋友，"携友共思"的模式进一步保证了活动开展中各参与主体的平等性。

"友思"学习圈强调人本位的学习理念，无论是团队的构建还是活动的开展，都以学习参与主体自身的实际需求为基础。平等性则最能凸显学习圈团队构建时"以人为本"的特征，它摒弃了一般教学模式中为了便于活动开展、知识传道而为领导者、传授者设定高一层次地位的理念，仅仅以发起人作为学习活动开展的召集人，而且通过制度建设的完善逐步淡化团队成员与发起人之间的区别。注重平等观念导向的团队构建模式则直接导致了学习活动开展过程中浓厚的平等学习风气。

"我不同意你所说的每一句话，但我誓死捍卫你说话的权利"，从学习模式上看，学习圈不同于传统的授课教学和读书自学，而是以小组平等交流、自由讨论为主要学习形式。在日常活动的发言与讨论环节，所有成员均有发表自己意见而不被他人干涉的权利，当参与讨论的成员意见相左时，应该允许不同的声音出现。讨论式的学习必然出现不同观点的碰撞，这也正是"友思"学习圈的特色所在，这种观点的碰撞正是传统教育模式中所忽略的学习者的个人特点。学习圈鼓励多元思想的融汇，但其前提必然是保证所有成员的平等地位，只有这样才能有效地防止因独断或"多数人的民主"而导致的"求同灭异"，促进团队成员间相互合作与启发，从全新视角审视和思考问题。互相尊重、互相包容的活动理念，让思想更为丰富，也更好地将平等性的学习圈特征具化为实际活动效果。

但"友思"学习圈对于平等性的思考并不限于团队构建与日常活动，在第三期"友思"学习圈中，为了帮助同学们解决专业性问题，学习圈开始邀请校内名师参与到学习圈活动中来。名师的参与必然能够有效地提升学习活动的质量与效果，但也很容易对学习圈所强调的平等性造成冲击。为了更好地使二者达成平衡，学习圈活动将老师参与活动的模式设定为"学习圈"座谈会。座谈会的主题以及形式由参与的学习圈团队成员确定，在座谈会上，参与的老师仅仅居于帮助者的地位，老师们对团队成员提出的问题给予解答并提供不同的思考角度。座谈会中每名参与活动的成员都是独立的思考与表达个体，共同承担着活动的主导者的身份，团队成员的直接参与、平等交流、观点碰撞是学习圈活动的重要特色。

举办"友思"学习圈座谈会最主要的目的就是让学习圈团队能够接触到专业的老师，更加直接有效地解决团队运行过程中遇到的实际问题。座谈会的模式是权衡主体平等性与知识专业性在学习圈需求中所占比重而诞生并得以开展，它很明晰地将学习圈活动与传统课堂相界定区分，不仅仅从活动形式，更从参与者观念中落实"友思"学习圈活动的平等性。

"友思"学习圈的平等属性是对传统教学模式最大的突破，这一点从传统教学模式与学习圈教学模式的构建理论中就可以明确。传统教学模式的构建理论较为刻板古老，学习过程中老师的地位至高无上，享有绝对权威，其理论基础仍然是我国古代的"教师至上"的功利主义思想。而"友思"学习圈在瑞典学习圈的启示下，充分借鉴了合作学习理论、建构主义学习理论、社会互赖理论、社会凝聚力理论等多重教育学理论，强调成员个性与团队间的互助合作。

在平等性的指导下，"友思"学习圈开展两年来在校内取得了较大影响。平等性的参与模式让全校师生能够直接参与、直接分享、直接交流，便捷的学习条件也进一步激发了同学们的参与热情，学习圈活动规模不断扩大，直接受益师生人数不断增加。伴随着活动的开展，自主学习、合作学习模式的校园影响力不断提升，平等性特征在转变学习观念、激发参与热情等方面中发挥的重要作用不容忽视。

四、稳定性

稳定性是"友思"学习圈活动学习效果的保障，同平等性的性质相同，"友思"学习圈的稳定性也是以整体的利益为出发点，将整个团队纳入考虑范围。在"友思"学习圈中，稳定性有两个方面的含义：一是指校团委为帮助学习圈团队开展学习活动而提供物质支持；二是指团队成员经过遴选后，学习圈对其保持较长时间的约束力，活动的开展具有长期性，不因活动周期结束而终止。稳定性注重强调活动开展的实际效果，稳定性表面上是对学习圈团队的一种约束，但实际上是在有效地为参与活动的同学们树立自主学习、终身学习的观念。它逐步引导同学们不再将"友思"学习圈作为第一种活动来参与，而是作为一种学习方法来运用。

学习圈的运行不能缺少一定的物质支持，这是学习活动稳定开展的必然要求。为了鼓励同学们接纳、运用这种全新的学习模式，校团委为每个学习圈团队都设置了支持资金，主要用于购买学习圈活动资料、活动交通费等合理的活动支出。第一期"友思"学习圈支持创建 25 个团队，每个团队平均获得校团委 800 元的支持资金。第二期"友思"学习圈在第一期学习圈的基础上发展的更为成熟，活动获得了教务处的大力支持，招募的团队数量达到了 40 个，平均每个团队获得 1 000 元的资金支持。第三期活动规模进一步扩大，共支持创建 100 个学习圈团队，每个团队平均获得不超过 1 000 元的支持资金。第四期活动仍支持创建 100 个学习圈团队，平均每个团队可得到 1 000 元的资金支持。

"友思"学习圈团队支持资金的提升不仅仅代表着校团委对于学习圈活动的支持力度不断提升，更体现着学习圈活动在学校内的影响力不断提升。从第一期学习圈、第二期学习圈到第三、四期学习圈，支持资金从 24 000 元、40 000 元提升到了 100 000 元，支持资金的提升直接反映出校团委对于学习圈活动支持力度的加强，充分利用支持资金对学习圈团队的组建与活动开展起到激励作用，有利于逐步推广学习圈学习模式。

　　为了进一步发挥支持资金对于活动稳定性的引导作用，"友思"学习圈设置了资金批次发放制度，即支持资金随着团队活动的不断开展而逐渐发放，主要发放时间节点为团队创建后、活动中期和成果分享会后。支持资金的发放使得学习团队免去后顾之忧，专心于开展学习活动本身，有效促进活动的稳定开展。

　　在第三期活动中，校团委创新了物质支持方式，设立了"友思"学习圈移动式借阅书库，在第四期活动中，进一步扩充借阅书库，以此鼓励学生阅读经典书目、学习传统文化，实现了对学习圈资金更高效的利用。"友思"学习圈为方便理论类学习圈开展阅读和学习活动，专门建立了"友思"学习圈借阅式书库，并为理论学习团队开放了团委政策研究中心的理论阅览室，从而方便成员进行自主学习。理论阅览室可重复借阅经典书目，节约了各个团队单独购买书籍资料的费用。两年来，校团委学习圈借阅式书库共购买书目达 1 338 本，借阅次数超过 1 600 次，覆盖了全部学习圈的参与团队和成员，并吸引了大量的法大师生阅读和学习经典书目。"友思"学习圈借阅式书库的建立，为学习圈团队提供了更为便利的阅读条件，解决了借书难的问题，有利于学习圈稳定持续地发展，是"友思"学习圈对于稳定性的又一发展。

　　从学习圈活动的开展周期来看，稳定性要求整个活动为学习者提供充足的学习时间。第一期、第二期学习圈活动的周期为一学期，第三期活动则延长周期至一学年，第四期仍维持一学年的活动周期。实践证明，第三、四期学习圈活动中各团队反馈出的学习成果较之前两期活动更为细致、全面，学习圈团队在一个学期开展的活动对于学习成果的创新具有一定的限制性，团队学习时间的延长有利于课题价值的挖掘。通过前几期的学习圈活动推广，目前"友思"学习圈这种自主学习的模式已经被法大学子广泛理解和接受。

但稳定性并非一味地要求学习圈团队持续开展活动，当因成员变动或兴趣丧失导致学习圈团队无法持续运行时，稳定性同样要求及时解散这些无运行能力的团队，以此保证整体活动质量，这是稳定性的另一种体现形式。在招募团队时，"友思"学习圈在发起与参与方式、团队人数、主题方向、学习圈的活动类型等方面对申报团队进行详细考核，以保证团队活动的长期开展。同时"友思"学习圈设立了注销机制，如成员发现学习圈团队缺乏继续运行的必要性，可自行申请注销，避免时间、精力的浪费。

学习圈稳定性的特征要求将活动的开展重点放到进一步提升学习圈学习模式对于学习的价值和意义上，争取让法大的同学们在没有资金支持的情况下也能自发组建学习团队，实现学习圈这种学习模式在我校更为广泛的普及和深化。"友思"学习圈作为一种活动，必然存在开展周期，但是活动周期的结束并不意味着学习圈团队的解散。无论是"友思"学习圈何种的制度设计，其最终的目的都是培养同学们的一种学习观念，一种自主、互助的学习观念。通过这种学习观念的输出，让同学们逐渐地认识、接受、运用学习圈这种学习模式与学习方法，补充传统课堂学习、高等教育中的第二、第三课堂学习，形成对现有教育模式中各教育形式的有效衔接，在法大校园内形成一种团队合作、自主学习的良好学习风气，鼓励同学们长期、持续地开展活动一直是"友思"学习圈稳定性的重要要求。

随着"友思"学习圈活动的不断开展，其特色愈加凸显。在第一期活动开展时，"友思"学习圈确立了四项活动标签——兴趣、自主、平等与稳定。这四项标签引导学习者兴趣学习、自主学习、个性学习与互助学习，为法大学子提供了一个互相学习、互换思想和共享知识的平台，注重营造自主学习氛围与环境，同时宣扬自我学习与互助学习相融合的精神，是对现阶段高等教育"三个课堂结合"教学模式的有效创新和有益补充。

四项基本属性决定了"友思"学习圈活动中的兴趣学习、自主学习、个性学习与互助学习。"友思"学习圈的兴趣性引导同学们更加注重兴趣学习，这样的学习形式必然极具启发性，从参与者自身出发，实现"举一隅而以三隅反"的学习效果；自主性体现的是"友思"学习圈倡导的自主学习理念，通过自主选定课题、自发开展活动来增强研讨学习中的探究属性；平等性强调学习圈参与成员的个体差异，激发成员的个性学习。各抒己见，百家争鸣，"自由之思想，独立之人格"就是对其最好的诠释；稳定性则保障了活动的正常开展，保证了团队成员参与式的互助学习，让"友思"学习圈活动的形式更具吸引力，规模更具影响力，效果更具实用价值。

　　"友思"学习圈的四项属性是学习圈活动得以按照预期开展的精神指南，学习圈的组建机制、日常活动、交流活动与成果分享都是其外在体现。为了保证"友思"学习圈活动探索高等教育教学新模式的目的，在学习圈活动构建机制、学习模式进一步完善的过程中必须以思想特征为根基，继续发挥"友思"学习圈兴趣性、自主性、平等性与稳定性的引领作用，实现自主学习与合作学习的良性结合。

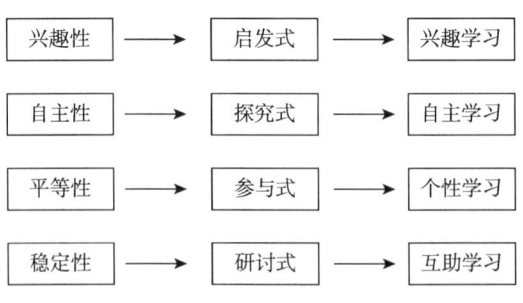

图 2－1　"友思"学习圈基本属性

第四节 "友思"学习圈的意义

"友思"学习圈活动已经在中国政法大学成功开展四期，在四期活动中，学习圈运营团队通过不断摸索和改进，"友思"学习圈从整体到局部，从宏观到微观都在不断地完善。大到教育模式，小到学习圈参与者个人。"友思"学习圈有效地借鉴了经典学习圈"自主交互式"的教学实践模式，结合中国政法大学的教学实践，形成了一套较为完善的新型学习模式。学习圈活动不仅仅在校园内培养了自主、互助的学习风气，更对于个体学生的培养、校园文化氛围的营造和现阶段高等教育教学模式的创新改革具有重要意义。

一、扭转讲授式学习观念，营造自主合作式高等教育氛围

正如"友思"学习圈建立的初衷，学习圈这种强调自主学习、互助学习、分享学习的学习模式是对传统高等教育模式的一种冲击。这种冲击则会引发学习参与者关于学习模式与学习观念的思考，在接受十余年的初级、中级教育的学习者进入校园后，难免形成根深蒂固的学习观念，以寻找老师辅助为学习的唯一途径。"友思"学习圈活动

的开展让这些学习者拥有了接触不同学习观念的机会，也更能凸显出高等教育的独特魅力。

东京都马练区的一所学校的研修手册上有这样的记载，所谓理想的教学就是感受到这样的教学：人人安心学习；愉快地同教材对话；感受分享同学们的见解与交流的喜悦。"友思"学习圈的设立同样强调这种交流的重要意义，在我们固有的传统教育模式中，缺乏对学习者自身的开发，忽视了合作、研讨等自主学习形式对于学习者知识获取的重要性，而是将讲授式这种成本相对低廉的学习模式作为主要的人才培养方式。这种培养方式显然已经不能适应当下多元化发展的社会与多样化需求的学生群体，所以改变学习模式至关重要。

但是我们可以清晰地认识到，教育教学模式的形成是一项漫长的历史过程，它的确立与深化同样也经历了历史的沉积，所以改革并非一蹴而就。当我们发现既定的教育模式与现实需要出现不匹配的情况，首先要做的就是通过实践尝试来对改革进行探索，形成新的改革突破点。在探索过程中，最重要的一项任务就是转变学习者自身的学习观念。学习观念直接指导着学生群体学习模式选择的倾向性，新的学习模式的产生必然经历着从接纳到适用的过程，只有抓住学生群体的学习观念的转变，才能促成教育教学模式的普遍改革。

学习观念的转变，正是"友思"学习圈的价值与意义所在。学习圈活动的影响力直接折射到参与个体上，同学们接纳新的学习观念，不断更新自己的思想认识，对于学习观念也进行新的探索与创新，这是"友思"学习圈活动在个人层面展现出的最重要的意义。

在进行高等教育的大学校园，学生群体学习观念的转变直接导致集体性的学习模式转变，这对于营造良好的学习氛围与学习风气具有不可忽视的重要作用。

二、拓宽知识获取渠道，培养素质型人才

正如前文"友思"学习圈发起原因所述，社会发展带来的全面型人才需求与培养单一型专业化人才的大学教育体系的矛盾日益凸显，而"模块化"的学分制教务管理体系与大学生获取多维度知识需求的矛盾也逐渐暴露。培养个性化、全面化的人才毋庸置疑是高等教育模式一直以来的教学目标，但是限于师资力量与学生数量的比例悬殊，这种教学目标的达成就需要依靠学生群体的自主性学习，"友思"学习圈活动的开展无疑为学生主体的自主性学习提供了全新的模式与渠道。而这种创新式渠道的设立能够使学生群体自觉地发掘自身的兴趣所在，并根据自己的兴趣导向自主选择学习主题，实现自身综合素质的提升。

从学习内容的广度来看，"友思"学习圈较之其他教学模式，教学主题的涉猎更加广泛。从严格意义上来讲，高等教育教学模式大规模地突破了学生群体地域限制，仅

以学生素质作为选拔标准，这样的选拔机制使得同一所高校中的学生群体极具广泛性。不同的教育背景使得学生个体具有差异性，这种差异性则进一步导致个体兴趣的不同。"友思"学习圈团队依托学生自身的兴趣建立，所以学生群体兴趣的多样性直接导致了学习圈团队学习内容的多样化。在已经举办的四期"友思"学习圈中，团队学习的主题就出现了"百花齐放"的态势，体育、文艺、实践调研、理论学习、社会实验……学习圈开放包容的团队支持机制最大程度地保护了同学们的兴趣学习与个性学习，学习圈整体活动也因此展现出主题多样的态势。

学习内容具有广度的学习平台对于大学生获取不同学科门类的知识具有极大的推动作用。在传统的中小学教育中期，学习渠道一般为课堂教学，应试教育的传统观念也很容易在学生群体中树立起课堂是获取知识唯一来源的意识。"友思"学习圈的平台汇集不同研究主题的学习团队，这种学习内容的多样性能够突破课堂内容的局限，成为获取知识的新型渠道。渠道的建立能够有效地引导学生主体不断进行尝试，对于转变固有的学习模式具有潜移默化的作用。

从学习成果的深度来看，"友思"学习圈就学习个体的收获而言，学习成果更为明晰透彻。"友思"学习圈不同于课堂学习的知识普及式学习，它强调个体的自主性研究。自主性的活动属性引导着学习圈活动的开展必须以学习个体为核心，不论是学习进程的安排还是具体学习内容的安排都根据团队成员的实际情况加以确定，是一种个性化的学习方式。在这种个性化的学习中，由于学习团队人数的优势，每名团队成员都能根据自身特点合理进行学习活动，远比课堂学习中跟随老师的统一教授规划更适合个人的发展。

从四期学习圈活动的实践中可以发现，"友思"学习圈团队的学习成果往往更具有深度。学习圈团队的研究主题一般比较具体，如"英美口语发音差异根源探究""资产证券化研究"等团队，这种"小开口"的团队主题能够使得同学们对研究对象的内在进行更深层次的挖掘。同时受成员自身兴趣的激励，建立学习团队的学习圈成员往往对研究对象的挖掘更为投入，这一点从学习圈团队撰写的调研报告、读书笔记中足以表明。

从学科的交叉性来看，"友思"学习圈提供了一个不同学习知识的分享平台。基于专业化人才培养的目的，现阶段的高等教育往往按照科系划分培养方案。不同学科进行不同专业的学习，除去一些基础素质培养，如英语教学等，各学科之间几乎处于一种孤立的状态。"友思"学习圈对于这一现状具有一定的突破作用，各团队的发起人受自身学科知识的影响会组织创建一些具有不同学科特色的学习圈团队，而学习圈成员的招募则是面向全校同学，如此组建的学习圈团队既能够帮助同学们涉猎自身感兴趣，但却由于专业限制无法接触的知识，又能在团队学习的过程中出现不同学科视角的碰撞，更加全面立体地开展学习活动。

从人才培养的角度来看，"友思"学习圈是对传统课堂学习的一项补充，它从主体兴趣的角度出发，以个性学习的形式有效地推动了不同主体的交互式学习。"友思"学习圈活动的开展切实地提供了一种不同学科、不同的兴趣爱好的交流平台，这种平台的搭建更能够符合当代大学生多元化的学习需求，也更能满足全能型、素质型人才的培养目标。

三、创新高等教育模式，提供改革探索新思路

"友思"学习圈创立的初衷就是面对社会发展的新形势，积极应对高等教育教学模式改革。"友思"学习圈开展两年来，在校内校外均有较大影响，取得了十分优异的成果。一方面，"友思"学习圈的活动规模不断扩大，截至目前，四期"友思"学习圈共创建265个学习圈团队，累计有3 500余位老师和同学直接参与，举办活动已超过了3 780次。另一方面，学习圈主题选取范围广泛，从理论学习到社会实践，从传统国学到国外佳作，师生围绕共同选择的兴趣主题进行自由开放的思想观点碰撞，学习圈对于主题的引导和包容的特点给予了我校师生更多学习课堂之外的知识、技能的机会。

"友思"学习圈的开展受到中国政法大学校领导的大力支持，2014年12月23日，中国政法大学校长黄进分别参加、观摩了"音乐互助交流学习圈"的第11次活动和"无涯国学学习圈"的第10次活动。黄进校长指出，"共同的兴趣"是同学们组建这样一个学习圈的基础，而大学里参加不同形式的课外活动，使得大家不但能够在知识、能力和综合素质等方面有所提高，更重要的是能增加同学们之间的交流，让每个人都能交到更多"志同道合"的朋友。

图2-2　黄进校长参与"友思"学习圈活动

"友思"学习圈因其包容、自由、开放的学习特点，受到了全校师生的好评，先后多次被校园官网报道。2015年12月，《光明日报》发表题为"中国政法大学：'友思'学习圈　相约读经典"的报道文章，在接受采访时，学习圈发起人陈宁说道，"学习圈的活动并不拘泥于某一本书，而是将书本内容作为话题，不断引入其他领域的知识。通过读《西方的智慧》，我们收获了基督教的历史，收获了文艺复兴的启蒙，收获了圣经及其精神感悟。而在讨论中，平日里一闪而过的思想火花真的能聚成火炬。很幸运能够在这个学习圈里认识这么多爱智之人，很幸运有机会以另一种视角重新认识西方哲学的智慧"。

图2－3　《光明日报》有关"友思"学习圈的采访报道

在参考瑞典经典学习圈的组织模式的前提下，中国政法大学"友思"学习圈活动结合我校德育工作创新改革的实际经验，在活动影响力的推动下，"友思"学习圈这种自主学习模式越来越被同学们接受和认可。这种教学模式也逐渐成型，成为现阶段高等教育模式中第一课堂、第二课堂和第三课堂的衔接，形成了一套具有中国政法大学德育教学特色的"'友思'学习圈模式"，成为了现阶段国家中长期教育改革和发展规划下的中国政法大学教学模式的有效创新和有益补充，有效地促进了"自主互动"的学习风气在校园中的广泛传播。这种教学模式的形成也为高等教学模式提供了改革的新思路，能够有效地引发对于高教改革的新思考与新探索。

第五节 "友思"学习圈的运转模式

"友思"学习圈在构建时，参考借鉴了瑞典经典学习圈的构建模式，充分结合了中国政法大学的实际教学情况。在合作学习基础等理论的指导下，"友思"学习圈在经典学习圈教学模式的基础上推陈出新，经过三期的实践与发展，中国政法大学"友思"学习圈已经形成了一套较为完善的构建模式，在探索适应新时代的大学生的学习方式上取得了初步成果。

一、团队组建

每学期期初，活动组织方会发布学习圈招募公告，在公告中将会注明学习圈招募的团队数量、创建要求、监督考评及支持资金发放说明、申报流程及时间安排等事项。

全校师生：

"友以互助，思以为学"。自2014年以来，中国政法大学"友思"学习圈活动已成功开展五期。为响应中央团委"青年大学习"的号召，进一步营造自主、互动、思辨的学习氛围，校团委和教务处将继续组织开展第六期"友思"学习圈活动，具体内容通知如下：

一、"友思"学习圈活动简介

中国政法大学"友思"学习圈是一种具有共同兴趣的老师、同学通过自主的交流和互动而形成的学习小组，学习圈成员围绕选定的主题进行自由开放的思想观念的碰撞、经验和知识的共享、兴趣爱好的深入交流，逐渐形成交流、互动、共享的自主学习模式。

二、"友思"学习圈创建条件

1.本期支持创建100个学习圈，每个学习圈将获得300元的启动资金和300元的中期报销额度以及一定额度的终期奖励。

2.每个学习圈须有一个积极健康的固定主题。本期学习圈主题划分为专业类、新时代青年大学习、文体艺术与社会实践四类，原则上不对学习圈的学习主题进行限制。本期学习圈鼓励以创建以"习近平新时代中国特色社会主义理论"和"校长推荐阅读书目"为学习主题内容的学习圈。

3.每个学习圈由8-12名成员组成，全校师生均可申报，申报人即为该学习圈的发起人。发起人确定学习圈主题后可自行组建学习圈团队或在全校招募学习圈团队成员。发起人组建团队时应考虑团队成员的多样性。同等条件下优先支持创建由跨校区、跨院系、跨年级、跨专业同学组成的团队。

图2-4 "友思"学习圈招募公告

因"友思"学习圈的开放性，全校师生均可申报，申报人即为学习圈的发起人。在发起学习圈时，发起人需按要求填写《中国政法大学"友思"学习圈发起人申报表》。申请表主要包含三个部分，分别为发起人信息模块、学习圈团队介绍模块和学习圈活动介绍模块。

"发起人"的概念源于瑞典学习圈中"领导者"的身份概念。正如前文所述，瑞典经典学习圈与学校教育有所不同，学习圈内没有教师，只有领导者。领导者由圈内成员共同推选产生并由固定的成员担任。学习圈对于领导者没有硬性的要求，领导者不一定有足够丰富的知识储备，能力也不一定是最强，只要可以获得学习圈内所有人员的一致认可即

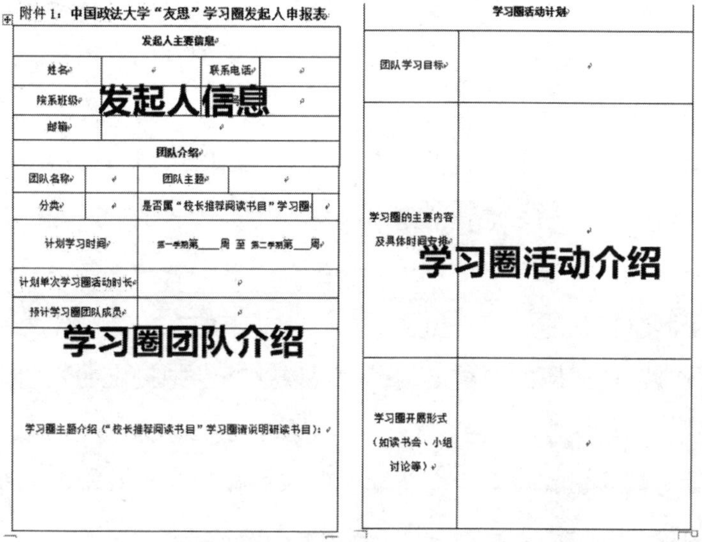

图 2-5 《中国政法大学"友思"学习圈发起人申请表》

可。这些领导者存在的意义并非是领导大家，而在于担任起组织学习材料、保证学习顺利进行和确保讨论紧紧围绕主题进行的责任。"友思"学习圈为进一步凸显学习圈团队成员的平等性，将瑞典学习圈中"领导者"的角色名称代替为"发起人"。"发起人"的职责与瑞典学习圈的"领导者"的职责类似，在学习圈活动时需确保所有成员参与其中的机会均等，鼓励成员进行互相提问。而在学习圈团队创立时，发起人最重要的任务就是确定团队主题。

创建"友思"学习圈的目的是为了创新同学们的学习模式，故而学习圈对主题没有过多苛刻的限制，只要学习内容积极健康即可。在主题确定后，发起人需依据理论学习、课外生活、文化艺术和社会实践四项分类对学习圈进行定位。为了强化"友思"学习圈主题的方向性引导，在四类学习圈中，学术理论类学习圈的支持数量最多，约占总数的60%。与此同时，在理论类学习圈中还会保留一定数量的以"校长推荐阅读书目"为主题内容的学习圈。在第三期"友思"学习圈中，学生社团联合会紧密联系校内受同学们欢迎的和有相关学术研究需求的6位老师作为部分学习圈团队的课题提供老师，以这些老师提出的主题组建辅助学科学习研究的学习圈团队，进一步发挥"友思"学习圈对于我校学生全面发展的积极作用，提升学习圈学习模式的校园影响力。

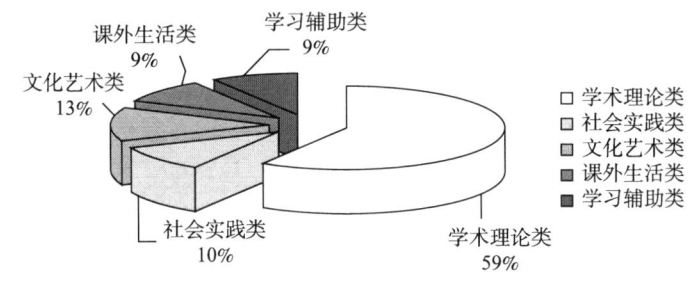

图 2-6　三期"友思"学习圈类型比重

　　主题确定好后，由发起人通过自发联系与公众平台招募两种方式组建团队，还鼓励发起人组建团队时考虑团队成员学习专业的多样性，鼓励跨校区、院系、专业的组建团队。在熟人参与学习圈保障其相对稳定性的前提下鼓励其融入更多跨专业、跨院系、跨校区的学习圈成员，推动其思维方式与学术角度的多元化。发起活动之初的考量点在于希望通过学习圈这种方式打破熟人的学习圈、宿舍的学习圈、同学的学习圈而使之更加多样化，线上招募的方式可以极大地推动陌生人加入真正感兴趣的学习圈团队，真正能够得到能力的提升与视野的扩大。

为了更好地实现团队成员多样化，负责的学生组织会为各学习圈团队提供线上招募成员的途径。学习圈发起人可以将申报课题提前通过线上公众平台公布并对学习内容进行简短介绍，以课题自由的学术性和趣味性吸引学校同学参加。此举不仅仅能够有效促进团队成员的多样性，更减轻了学习圈组建成本，为那些不能及时召集足够人数的学习圈团队提供创建的机会。通过这种方式申请参加学习圈能够在一定程度保证学习圈成员对于学习圈主题的兴趣，有利于维系后续学习圈活动的开展。最终，由学习圈发起人从所有报名者中确定 8～12 名成员组成最终的学习圈申报团队。

与瑞典经典学习圈相比，"友思"学习圈 8～12 人的构建形式，使得学习圈受众范围扩大，为对学习圈感兴趣的同学提供更多的机会，更易让"友思"学习圈成为全校性的活动。而且"友思"学习圈并未对团队每次活动的时间提出要求，方便同学们根据自己的课程安排灵活安排时间，让学习圈更好地发挥课堂外教学的作用。

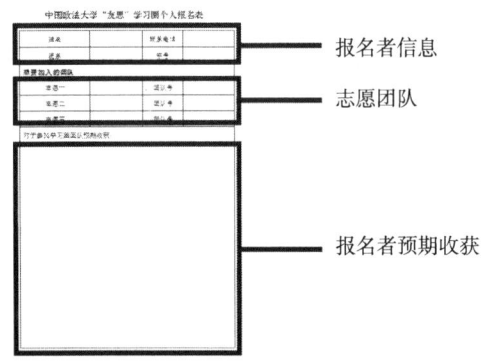

图 2 - 7　《中国政法大学"友思"学习圈个人报名表》

二、团队选拔

每期学习圈通过答辩的数量由团委统一制定并在招募公告中进行公示，支持团队数目的确立对于学习圈团队的选拔是一项重要的工作。支持团队数过少，不仅不利于学习圈学习模式的推广，更容易打消同学们自主学习的积极性。而支持的团队数目过多，则会导致学习圈团队的活动质量难以达标，不利于学习圈的长期发展。由于学习圈活动在校内的影响力不断增强，前三期学习圈活动支持成立的团队数量从 25 个，40 个增长到了 100 个，第四期维持在 100 个。

在学习圈团队组建完成后，负责的学生组织会统一安排申报团队进行答辩，以此选拔能够得到团委支持的学习圈。答辩会的评委由校团委老师、社联会主席、学习圈监管人员和学生代表构成。所有评委除对学习圈进行整体把握与评判外，还各自负责对学习圈进行细化评估：校团委老师凭借多年学生工作经验，能够在短时间内对学习圈团队选取的主题形成清晰的认识，对于加强学习圈主题的引导，保证学习圈团队主题选取积极向上发挥重大作用；社联会主席与学习圈监管人员是直接接触学习圈日常运行的人员，他们能够对学习圈成立运转和活动开展的可行性作出客观的评价，成为学习圈稳定运行的保障；学生代表则是从全校学生的视角出发，通过学生代表的评价可以在一定程度上反映出全校同学对于学习圈评价，由此，选拔出的学习圈能够更好地发挥创新同学们学习模式、营造自主学习的校园氛围的作用。

答辩会为每个申请成立的学习圈安排 10 分钟的展示时间，包括 6 分钟的展示环节和 4 分钟的评委提问交流环节。在展示环节，答辩者需通过 PPT 播放、讲演等形式向评委展示学习圈的团队成员、选择主题、活动开展规划、预期收获和资金管理规划。在评委提问环节，评委将就答辩者未提及的事项或答辩过程中的存疑事项与答辩者进行交流，全面了解答辩团队。10 分钟的答辩时间是答辩团队与评委进行沟通的唯一机会，但"友思"学习圈并非通过答辩时间来对申报团队加以限制，而是希望以此来督促申请团队更认真地思考学习圈的组建目的与预期收获，制定更为详尽合理的活动规划。

在学习圈结束展示后，答辩评委需对答辩团队进行评价，为了更加真实客观地反映出学习圈团队的答辩效果，答辩结果采取百分制评分的模式。评分的百分制评价分为四项内容，其中包括主题选择的合理性、活动开展的可行性、活动规划的详尽程度和会场效果。为了更好地为"友思"学习圈选拔高质量团队，选拔机制依据各项内容的重要程度为各指标配备了不同的权重，其中学习圈的主题与活动的可行性对于学习圈的运行来说至关重要，直接关乎学习圈的存续，故其占比也最重，分别占30%与40%。活动规划部分占比20%的主要目的是为了敦促学习圈制定详尽的目标规划，是一项具有敦促性功能的评分项，其比重不宜高于学习圈主题选择的评分项。同时评价设计中还为会场效果配备10%的比重用于规范答辩时间，以此规范答辩现场秩序，促进答辩的顺利进行。

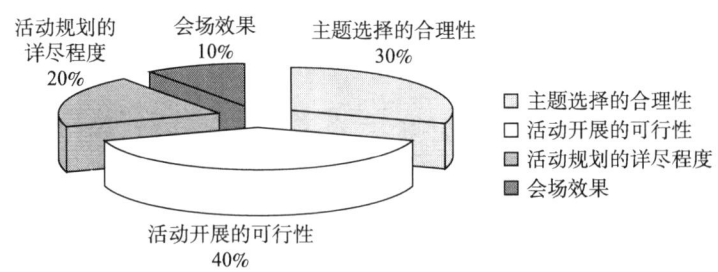

图2-8 "友思"学习圈团队选拔指标权重

在四项指标中，主题选择的合理性主要从主题是否鲜明、选择理由是否充分和主题是否健康、能否体现学习精神两方面考量；活动开展的可行性则主要考虑学习圈预期的运营效果如何，资金使用规划是否合理以及预期学习收获是否突出；活动规划的详尽程度则侧重考虑学习圈的活动规划思路是否清晰，活动时间安排是否合理；会场效果则主要评价学习圈在答辩时是否具有感染力，时间使用是否规范。四项指标的综合评价能够比较全面的体现学习圈的成立价值，同样为了进一步凸显学习圈选拔的科学性，选拔机制进一步细化各项评选指标，并依据每项指标对于学习圈团队的重要程度对各细化项设置一定分值，以此来减少因评委个体评价差异带来的评估误差，具体分值安排如下：

评价项目	评价要点	分值
主题选择的合理性	主题鲜明，有理有据	15
	积极向上，体现学习精神	15
活动开展的可行性	运营效果显著，活动开展顺利	20
	资金利用安排与学习活动相结合，各时期资金规划合理	10
	预期学习收获突出	10
活动规划的详尽程度	活动规划思路清晰，结构严谨	10
	活动时间安排合理，内容丰富	10
会场效果	答辩具有较强感染力、吸引力和号召力，营造良好的效果；时间控制在6分钟内	10
		100

在去掉最高分和最低分后，评委评分的平均分即为学习圈团队的最终得分，得分的高低直接影响团队的创建是否能够得到校团委的支持。确定支持创建的团队后，校团委会统一安排成立的学习圈团队参加启动仪式。学习圈的启动仪式主要是为了向学习圈团队介绍学习圈特点、监管机制、资金发放制度等事项。

三、监管模式

为了保证学习圈团队活动开展的持续性，保障学习效果，"友思"学习圈开展学习活动须有固定的频次，每周至少一次，具体时间由成员自行协商。为了使支持资金得到合理利用，督促学习圈团队开展高质量交流活动，"友思"学习圈引入了监管机制。

"友思"学习圈强调学习的自主性，监管机制在一定程度上与此相悖，所以能否对监管模式进行合理化设计直接决定监管机制是否能够得以存在。在引入监管机制时，校团委充分考虑了"友思"学习圈因其独立性而本身存在的对外部监管的排斥性，所以所有的监管行为都必须以不干扰学习圈自身活动为前提。落实到实际操作中，校团委主要以学习圈团队分享的学习成果作为监督依据，以此来代替传统监管模式中的监督与干预。通过四期"友思"学习圈的实践与摸索，目前"友思"学习圈已经形成了线下与线上并行的监管模式。

线下监管是指学习圈监管人员通过参与或观摩的形式接触学习圈团队线下的实际活动，并根据实际情况对团队的学习活动进行记录。这种线下监管可以有效地避免因惰性造成的学习圈活动不能如期开展的情况，但考虑到监管成本与对学习圈团队活动的影响，线下监管采取随机制。即监管人员并非直接参与学习圈的所有活动，而是每周随机选择学习圈参与其中，但在活动周期内监管人员需对每个学习圈的学习活动至少参与过一次。将随机制纳入线下监管有效地实现了督促学习圈团队开展活动与保护学习圈活动开展的自主性的平衡，从四期"友思"学习圈的实践来看，效果显著。

基于"友思"学习圈自身特点，线上监管是其监管模式的重点。"友思"学习圈的线上监管模式侧重于以学习成果而非学习过程为监管依据，这取决于学习圈自由、包容的学习模式。在校团委的支持下，技术人员针对学习圈线上监管的特点设计了"友思"学习圈线上监管平台——法大人APP。这款APP中"友思"学习圈模块的设计借鉴了线上平台中"打卡"的监督模式，即学习圈团队在活动举办后对活动进行打卡记录，校团委通过后台的打卡数据和打卡内容来对学习圈团队进行跟踪。

在完成学习活动后，学习圈团队可以打开法大人APP，进入"YOUTH学习圈"模块，在选择"学习圈监察签到"后，APP会自动跳转至活动打卡表单。在打卡表

图 2-9　法大人 APP 中"友思"学习圈线上监察模块界面

单中，学习圈团队需就活动信息、活动成果和活动资料进行填写。其中活动信息主要包括学习圈开展活动的日期、起止时间、地点、活动人数等，这一部分是活动打卡的基础性信息。活动成果部分体现在表单中为活动概况一项的填写，在这一填写栏中，学习圈团队需就活动的简略流程和学习圈成果加以介绍。最后一部分为活动资料，这一部分为选填项，其中包括活动文档和活动照片两部分，学习圈团队可以将开展学习活动是所有的文档。活动开展时的照片进行上传。整个打卡记录流程不需要任何注册要求，对于打卡设备也没有任何限制，即可以使用移动手机终端，也可以使用 PC 电脑终端，线上打卡操作简单，十分符合"友思"学习圈重视学习实质内容的导向。"友思"学习圈监管人员能够从后台直观地检测学习圈团队上传的打卡数据，监管人员只需要对这些数据进行一定的审核即可达到监管的目的。

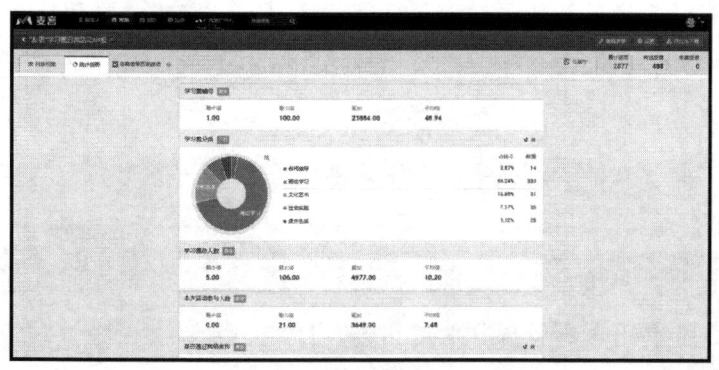

图 2 – 10 "友思"学习圈的监管后台

监管后台可以直观地反映出学习圈团队的表单反馈数目、集中反馈时间、反馈组件（附件文档）数目等数据。这些数据一方面可以反映出现行学习圈团队的活动状态，另一方面也为学习圈活动的组织方提供参考经验，通过线上监察能够清晰地了解学习圈团队习惯的活动时间及活动形式，为日后学习圈活动能够更加贴近同学打下了坚实的基础。基于法大人 APP 的线上监管后台还有另一项重要功能——保存学习圈活动成果资料。学习圈签到记录时上传的活动成果主要用于考量学习圈活动的实际效果，但这些记录同样也是学习圈团队的学习成果，是学习圈活动的成果展现。

线下与线上的监管是一个有机的整体，而非分裂的两部分。两种监管模式对于"友思"学习圈而言各有利弊：线下监管具有较大的强制力，是对学习圈活动开展的强有力保证，但其监管成本过大，一旦学习圈达到一定数量，很难保证监管效果，而且过度的线下监管有违"友思"学习圈宣传的自主学习风气。线上监管具有实时性，监管人员能够对学习圈活动进行全面及时的跟进，而且能够从学习圈提交的学习成果中对学习圈实际运行效果有一定的把控，但是线上监管因其交互性的缺失而削弱了其强制力，监管人员很难与学习圈团队进行沟通，而且学习圈团队在一定程度上有弄虚作假的可能。所以在实际操纵中，监管人员会以线上收集的数据为依据，在后台监管中一旦发现有学习圈出现连续几周未举办活动或提交的记录材料有虚假的可能，就会派出监察员对这些学习圈进行线下监察，实际考察学习圈的运转情况。与此同时，将针对此类学习圈建立线上数据跟踪，在线下监察实行完毕后，着重考察学习圈后续提交的材料质量，并与该学习圈提交的历史材料进行比对。

这种将线下与线上相结合的监管模式依"友思"学习圈自身特点设计而成，最大限度地保持学习圈团队活动的自主性与独立性，同时，能够保障资源的合理利用，保证学习圈学习活动的质量，有利于自主学习氛围的营造。

四、考评模式

学习圈的考评分为两部分，一部分是日常的学习圈考评，另一部分是阶段性的学习圈考评。

　　日常的学习圈考评与日常监管相挂钩，与日常监管相同，日常考评以不干预学习圈的学习活动为基础和前提。设置日常考评的目的是为了及时排除不具有运转能力的学习圈，当学习圈出现无法开展活动或学习圈人数严重不足时，日常考评机制便能充分发挥作用，将这些学习圈团队加以排除，以便资源更好地得到利用。日常考评的依据主要是学习圈线上监管所收集的数据，为了统一对学习圈团队进行规范，在学习圈活动的开展中，校团委设置了如下的活动指标：学习圈开展学习活动须有固定的频次，应至少每周进行一次线下活动，同时每次学习圈互动参与人数必须超过学习圈总人数的二分之一。连续三周为举办活动或者连续三周参与活动人数少于学习圈总人数二分之一的学习圈将被取消受团委支持的资格。从"友思"学习圈日常考评的数据限制设计可以看出，日常考评对于学习圈活动的要求十分宽松，不论是"持续三周"还是团队人数的"二分之一"，都从最大程度上维护学习圈团队的自主性。从实践成果来看，这种兼具强制性的规范也为学习圈团队树立了心理预期，如发现自身缺乏运转能力，学习圈团队的普遍做法是申请自行注销，由此可见，这种制度设计基本上可以满足"注销不具有运行能力的学习圈"的预设目标。但这里需要强调的是，学习圈的日常考评仅仅作为最后的保障手段，而非是对于学习圈的限制行为。

　　阶段性的考评是"友思"学习圈主要的考评形式，它分为中期评定与终期评定。阶段性考评名为形式上考评，实为各学习圈分享其研究成果。学习圈的成果包括但不限于读书笔记、讨论记录、游记、摄影作品、表演、音乐、视频等模式。阶段性的考评在让考评组了解学习圈活动进度的同时，也让未参加学习圈的同学在一定程度上享受到学习圈活动的成果，增强对学习圈的认识。

中期评定是在整个学习圈运转周期的中间开展的学习圈团队的阶段性总结。中期评定的意义在于对学习圈前期的活动进行评价，指引各学习圈开展接下来的活动。在中期评定中，学习圈可以向活动组织方提交整个学习圈活动周期中使用过的学习资料与学习成果资料。从四期学习圈的实践来看，在中期评定中大部分学习圈团队会发送日常学习所使用的演示文稿或文字资料，理论类学习圈则倾向于提交读书报告等文字性的成果。中期材料在很大程度上能够体现出理论类学习圈活动的质量以及团队的学习成果，但由于学习圈团队的丰富多样，书面材料的评定并不适用于所有学习圈团队，所以材料提交仅仅是学习圈中期评定的一小部分，在中期评定中最重要的是中期分享会。由于各学习圈的成果还不够成熟，所以以开会的模式进行小范围分享最为合适。

在中期分享会上，学习圈团队将通过 PPT 讲演或现场展示、表演的形式分享阶段性的学习成果，根据现场展示效果，评估人员会对各学习圈团队进行打分。在具体的中期评估中，学习圈日常活动情况和中期分享会展示情况各占得分的50%，其中学习圈日常活动情况的评估包含以下指标：活动开展频次（50%），活动参与度（30%），活动信息提交完整程度（20%）；中期分享会展示情况的评估则主要包含展示成果与学习圈主题的切合程度（30%），成果展示内容（50%）与现场效果（20%）。结合中期材料、前期活动情况、活动记录提交情况和中期分享会的表现情况，评估人员对所有学习圈团队进行量化考核，以此对学习圈团队的活动开展情况进行反馈，帮助学习圈团队更好地开展后续的学习活动。

终期评定是"友思"学习圈评估模式中的另一部分，也是对学习圈团队整个周期内活动的总结和最终结果的分享。终期评定于学习圈活动周期结束后举办，终期评定的形式采取成果分享模式。活动组织方为学习圈团队搭建平台，各学习圈团队采用合适的形式将学习成果进行分享展示。例如，对于提交了读书报告、游记等文字成果的学习圈，我们将为其制作微信推送（推送将发布在"友思"学习圈与社团联合会的公众平台上），并将成果打印下来，在学校中建立学习圈成果展示角，以供同学们学习。学习圈的成果是表演形式的，可以街头快闪的方式在学校中进行成果分享，还可以微信讲座、小型摄影展等多种方式进行成果分享。

在终期评定中，中期评定的得分占总成绩的30%，学习圈后期活动得分占总成绩的 30%，终期分享会得分占总成绩的 40%。学习圈的终期分享会是学习圈团队对整体活动的总结，就其举办的目的而言，分享展示的比重远大于考量评比，虽然终期分享会中设有客观的评价指标，但在实际操作中，团队所展示的学习成果的优劣是影响对团队评估的重要因素。

"友思"学习圈的评定并非为各学习圈定性，它仅仅是一定指标下的评价行为，不能作为评判学习圈实质优劣的依据，设置考评制度的目的是为了以活动开展和学习成果为出发点，对在此评价体系中表现优秀的社团予以一定的奖励，此举的价值意义在于通过这种奖励引导学习圈团队注重学习成果分享，以便于更好地向非学习圈团队成员推广"友思"学习圈的学习模式，营造良好的自主学习氛围，让更多的同学能够享受学习圈活动为其带来的好处。

五、物资保障

国家的补贴是瑞典经典学习圈得以运行的物质保障，在"友思"学习圈中保障者的责任由校团委担任。"友思"学习圈传承了瑞典学习圈廉价学习的观念——在瑞典学习圈中，地方政府提供学习圈运行的日常资金，而校团委将为通过成立答辩获得支持创建资格的学习圈团队提供运转资金。运转资金的提供并非是单纯的奖励，所以资金是随着学习圈活动的逐步开展而分批发放，以此规范学习圈合理使用资金。

在第一期"友思"学习圈中，校团委平均为每个学习圈配置了800元的支持资金，其中答辩会结束后给予入选团队发起人300元作为个人奖励，发起人可以自由支配资金。与此同时，给予每个学习圈团队300元支持资金用于日常活动的开支，根据日常监管及分享会表现发放200元的资金奖励，对于表现特别优秀的团队再给予额外支持。第一期"友思"学习圈除了为学习圈提供500元的运营资金和奖励资金外，为了在活动前期调动同学们的积极性，推广学习模式，还为发起人设置了300元的奖励资金。

在第二期"友思"学习圈中，校团委为了进一步推广这种学习模式，加大了对学习圈团队的扶持力度，将支持资金从800元提升到1 000元。第二期"友思"学习圈开始注重支持资金对于学习效果的促进作用，获得支持创建资格的学习圈团队在答辩会后进行三次以上学习活动将获得首期300元的支持资金，作为发起人的个人奖励。在学习圈日常活动结束后，根据学习圈日常活动的监察情况将平均为每个学习圈发放500元，同时根据团队分享会效果和团队学习成果，将平均为每个团队发放200元。

第二期学习圈开始将支持资金与团队学习成果联系起来，而在第三期"友思"学习圈中校团委仍平均为每个学习圈配置1 000元的支持资金，但资金发放却更加注重对团队本身的活动支持。第三期学习圈取消了对发起人的奖励资金，设置学习圈启动资金，用于前期学习活动的开展。学习圈团队在通过答辩会后即可获得启动资金，另外在中期评定和终期评定后获得第二批和第三批活动资金。

在第四期"友思"学习圈中，在保持 1 000 元支持资金不变的基础上，提高了资金配置的合理性。在成立答辩会结束后，给予各学习圈团队 300 元启动资金，用于支持学习圈初期活动。在活动进行过程中，为各个团队配置 300 元的报销额度，学习圈进行与主题相关的活动时，花销可根据明细与发票进行报销，这一措施有效提高了资金的合理分配。其余平均 400 元作为奖金发放给各学习圈，在活动周期结束后，根据各团队活动情况进行评比，为不同等级学习圈发放不同金额的奖金，100 个团队平均将获得 400 元。

从资金配置上来开，从第一期学习圈到第二期学习圈的过渡中，校团委提升了资金数额，旨在大力推广学习圈的活动模式。第三期学习圈虽保持 1 000 元支持资金不变，但学习圈的活动周期却从半年延长到一年，在一定程度上是减少了资金支持力度的。这样的做法是为了引导同学们更加注重学习圈活动本身，鼓励同学们能够最大限度发挥学习圈活动"自主学习""合作学习"的理念，让同学们逐渐摆脱学习活动对于资金的依赖，这也是"友思"学习圈未来的发展方向之一。因第三期学习圈取得的良好效果，第四期保持了每个学习圈平均 1 000 元的支持资金。在本期学习圈中，新采取了"实报实销"的报销方式，提高了资金配置的合理性，同时加大了对各个学习圈支持力度的区分。

为了更好地保证学习效果，第三期"友思"学习圈转化了支持方式，为方便学习圈开展阅读和学习活动，鼓励学生阅读经典书目，降低学习圈自身学习活动所需资金负担，校团委拨发专项资金为学习圈团队购进书籍，建立"友思"学习圈借阅式书库并安排职能部门负责保管与借阅。一年以来，学习圈借阅式书库借阅次数超过 600 次，能够完全满足全部学习圈书籍借阅的需求，节约了各个团队单独购买书籍资料的费用，解决了学习圈团队在借阅书籍方面的后顾之忧。书单如下。

	编号	书名	编号	书名
东方经典书目	1	四书：《论语》《孟子》《大学》《中庸》	9	《红楼梦》
	2	《中国哲学史》	10	《道德经》
	3	《乡土中国》	11	《庄子》
	4	《万历十五年》	12	《诗经》
	5	《大学中庸译注》	13	《人间词话》
	6	《国史大纲》	14	《美学散步》
	7	《中国近代史》	15	《红楼梦注疏》
	8	《逻辑》	16	《四书章句集注》

续表

	编号	书名	编号	书名
西方经典书目	1	《尼各马可伦理学》	15	《正义论》
	2	《莎士比亚四大悲剧》	16	《企业、市场与法律》
	3	《荷马史诗》	17	《礼物：古式社会中交换的形式与理由》
	4	《政治哲学史》	18	《科学革命的结构》
	5	《自由论》	19	《从封闭世界到无限宇宙》
	6	《政府论》	20	《科学发现的逻辑》
	7	《社会契约论》	21	《1844年经济学哲学手稿》
	8	《论自由》	22	《巨变：当代政治与经济的起源》
	9	《论法的精神》	23	《西方世界的兴起》
	10	《论美国的民主》	24	《西方的智慧》
	11	《国富论》	25	《理想国》
	12	《新教伦理与资本主义精神》	26	《奥德赛》
	13	《规训与惩罚：监狱的诞生》	27	《浮士德》
	14	《通往奴役之路》	28	《路易·波拿巴的雾月十八日》
团队补充书目	1	《联邦党人文集》	22	《法治：良法与善治》
	2	《沉默的大多数》	23	《异乡人》
	3	《司法过程的性质》	24	《大学之路》
	4	《乌合之众》	25	《阅读经典：美国大学的人文教育》
	5	《规训与惩罚》	26	《大学何以放弃了对人生意义的追求》

续表

	编号	书名	编号	书名
团队补充书目	6	《百年孤独》	27	《高等教育理念》
	7	《人类简史：从动物到上帝》	28	《学校的挑战：创建学习共同体》
	8	《中国历史中的真实游戏》	29	《对美国大学本科教育的反思与展望》
	9	《查拉图斯特拉如是说》（译注本）	30	《文学与美国的大学》
	10	《理想国》	31	《大学之道丛书：理性捍卫大学》
	11	《沉思录》（梁实秋批注译本）	32	《中国的大学》
	12	《逻辑学》（哲学全书·第1部分）	33	《德国古典大学观及其对中国的影响》
	13	《纯粹理性批判》	34	《启蒙之所，智识之源》
	14	《世界秩序》	35	《蒋介石与现代中国》
	15	《君子之道》	36	《鸦片战争》
	16	《菊与刀》（珍藏版）	37	《万历十五年＋中国大历史》
	17	《人类社会的命运》	38	《中国通史》
	18	《文明之光》	39	《李鸿章传》
	19	《文明的冲突》	40	《毛泽东传》
	20	《2052：未来四十年的中国与世界》	41	《邓小平传》
	21	《软实力》		

第四期学习圈扩充了借阅式书库，在充分调查各学习

圈团队所需书目的基础上，新增了 780 本图书。扩充后，书库共有 1 332 本图书，可以完全覆盖学生对于图书的需求。书单如下：

编号	书名	编号	书名
1	《自由论》	24	《维特根斯坦哲学研究解读》（上）
2	维特根斯坦《哲学研究》解读（下）	25	《菊与刀》
3	《影视艺术鉴赏》	26	《乡土中国》
4	《孟子言譯注》	27	《浮士德》
5	《庄子》	28	《中外法律文献检索》
6	《企业、市场与法律》	29	《国史大纲》（上）
7	《国史大纲》（下）	30	《白鱼解字》
8	《未来考古学》	31	《死亡文化》
9	《理性捍卫大学》	32	《上帝是否存在》
10	《论物权法》	33	《民法物权用益物权占有》
11	《中国哲学史》	34	《从封闭世界到无限宇宙》
12	《新教伦理与资本主义精神》	35	《四书章句集注》
13	《规训与惩罚》	36	《回归大学之道》
14	《女性主义哲学指南》	37	《学校的挑战》
15	《西方哲学史》（上）	38	《西方哲学史》（下）
16	《论法的精神》（上）	39	《哲学研究》
17	《尼各马可伦理学》	40	《为权利而斗争》
18	《心理学与我们》	41	《大学之路》合本
19	《文学与美国的大学》	42	《哈佛百年经典》

续表

编号	书名	编号	书名
20	《哈佛经典谈判术》	43	《通向奴役之路》
21	《大卫科波菲尔》 （上下）	44	《枪炮、病菌与钢铁》
22	《史论》（四册全）	45	《西方的智慧》
23	《说文解字注》		

　　经过四期的发展与实践，中国政法大学"友思"学习圈已经初步探索出了较为成型的构建模式——依据学生"兴趣性"鼓励学生自主挖掘主题，组建团队；依据"科学性"对申报团队进行选拔并予以物资支持；依据"自主性"创新管理模式，结合网络技术平台在最大限度上减少对于学习圈活动的干涉；依据"引导性"有针对性的配置支持资金，鼓励学习圈团队分享学习成果，营造自主学习氛围。这种构建模式为学习圈团队活动的开展提供了主题、成员和物质的保障，是"友思"学习圈活动的重要组成部分，对于学习圈学习模式在校园内的广泛推广起到了至关重要的作用。

❖ 第三章 ❖

回首往期，寻找问题

第一节　学习圈参与动机问题

学习圈的问题存在于课题创立伊始的动机审核机制，由于审查人员只针对其课题确立的必要性进行审核而忽视了参与成员的动机与对课题的了解程度。学习圈参与人员出现了诸如以丰富简历、获得学习圈资金为目的和盲目从众参与的问题，这些极大地削弱了学习圈参与人员的热情，并导致了参与人员消极讨论、资金私用等状况。而对于学习与研究，唯有持有一种纯粹的态度与热爱才能够更好地去钻研和创新。但同时，也正是这些问题推动我们可以更好地完善我们的队伍，不断反思，日益精进，改善审核机制，为真正热心学术、勇于实践、积极创新的同学营造良好的学习氛围。以下为学习圈在现阶段存在的参与动机方面的三个问题以及相应的解决措施。

　　一些学习圈发起人抱着一种功利的心态去申请项目，为了获得一定的活动资金参加学习圈。在这种功利性目的的驱使下，学习圈的整体缺乏一定的研讨热情与凝聚力。一方面学习圈参与者本身对项目兴趣缺失，很难提出创建型的观点。另一方面，此种学习圈活动的过程中也会容易出现小组闲聊甚至在讨论期间上自习或刷手机的现象，进而影响了学习圈的整体氛围。就目前看来，学习圈的讨论过程中热情与兴趣的匮乏已经成为一个严重的问题，也由此导致了许多中途申请撤销学习圈或是占用学习圈专用教室资源娱乐的现象。同时，由于获得了充足的活动资金，许多学习圈出现了将资金用于集体娱乐活动以及负责人私自占用的状况，为了资金而研讨，为了研讨而研讨的怠慢现象使得学习圈存在的本身失去了应有的意义与价值。

　　对于以上问题，首先在学习圈主题答辩之初，应当加强学习圈成员而非单独组建者对于主题理解的审核，学习圈团队确立的审核时间要尽量延长，可通过团队合作的方式让学习圈团队对主题在前期进行一定的立意研讨，并以团队展示形式进行展示，让每一个成员都有发言和展现自身的机会，以此来让团队全体成员对学习圈的主题在前期能有一个更加深刻的认识，也使对主题不真正热爱的人有选择退出的余地。要让学习圈参与队伍精英化而非片面追求规模的庞大。对于规模庞大的学习圈团队要让其明确每个成员在团队中的角色与地位，并以书面形式呈现给社联。可制定学习圈研讨过程中轮流组长的制度，让每一个成员在学习圈中都有事可做、有事可谋。同时，在监察过程中要让每个学习圈资金流向透明化，定期进行审核，对每一笔资金的支出进行详细的说明。要求其购买资料书目以发票形式呈现，以缓解资金的"私吞"现象，对于"公款私用"或是将资金用于娱乐目的的学习圈团队可在微信公众平台上列名并进行警告。

学习圈创立伊始便奠定了整个学习过程的基础，其中涉及的参与动机、兴趣点便显得尤为重要。由于前期宣传较为仓促，许多同学只是被硬拉进熟人的学习圈，或者是图新鲜感盲目从众。然而，学习圈的主题不能更换，人员也不可随意变动。长时间的学习过程中，学习圈的成员有很大的可能丧失对其研究主题的兴趣。这不但会延误研究进程，而且可能会引起学习圈内部的冲突与分歧。这一切都源自于学习圈在审核之初的失误。参加者多是大一、大二的学生，无法确保其能够正确合理地选择符合自身水平的学习圈内容，这同样会造成后期的动力不足问题。该学习圈可能只是一时热血的产物，并不是每一个人都会对课题有浓厚的兴趣。如果大家参加学习圈不是基于兴趣，在起步的态度上就出现了问题，那么学习圈活动就只会任务化或成为一种负担。

另外，学习圈的研究主题大多为理论课题，参与者普遍抱有一种"理论研究"至上的心态，渴望通过学习圈探讨可以对本专业、本学科的学习有所促进。理论知识的学习和探讨固然重要，但是此种举措不免使得学习圈主题有过于局限之嫌，高比重的理论学习主题"学习圈"团队更容易使答辩录取时出现一定的倾向性，进而变相地剥夺了文化类等非理论性团队的生存空间。况且在这种政策下，理论学习主题的团队也出现了很多以本学年所学专业课为基石，将"学习圈"作为一个"课外辅导班"性质的平台，二者看似并驾齐驱，实则为附属关系。这在一定程度上有违"学习圈"的初衷，且这样的"学习圈"多了一层应试与被动性之外壳，少了一些主动与积极性之实体。因此在主题的确定上，还是坚持以理论学习为主导，同时也应该鼓励各式各样有想法有特点的团队竞相涌现，再根据报名情况进行相应的筛选，而非在宣传开始阶段就将各类主题的比例确定化，借此增加有想法的团队的积极性。总的来说，参与动机直接影响着活动开展的规模与质量，强调兴趣性的"友思"学习圈则更为注重成员参与动机的自发性与纯洁性。从上述总结中不难看出，鼓励非严肃学术类主题的学习圈团队，在学习圈宣传初期加大对兴趣类学习圈主题的宣传力度，并安排相应专业导师进行定期指导，在理论为指导的基础之上拓宽学习圈研究的广度，增加其研究的弹性，这是端正学习圈团队成员参与动机的有效途径。

第二节　团队活动形式主义问题

目前学习圈的部分团队活动存在着形式化的倾向，活动的开展囿于考核机制，或将活动视为学习任务，草草了事，或活动内容空洞，外在形式松散。经过反思与总结，"友思"学习圈团队的形式化倾向主要涉及资源有限性与活动缺乏依托点两个方面。

资源的有限性最显著的一方面在于参与学习圈活动的地点设置是有限的，而参与此项活动的人数十分庞大，即使上午下午分开设置，资源也非常紧张，并且有时学习圈教室人声鼎沸，学习效果也会大打折扣。另一方面，活动内容的单一且强制也会导致活动的形式主义。譬如大多数的活动形式采取的是集体讨论。但是讨论形式局限于群体在同一时间同一地点进行讨论，这样既麻烦又浪费时间，也很难取得最佳的效果。

学习圈是一项立足于自愿参与、自愿组织、自愿学习的活动，受制于当前考评制度的限制，会不得已地出现一些强制因素。比如每周必须要让可能多的学生到学习圈专有的固定场所参与活动。自由学习是学习圈活动的主要宗旨之一。学生是希望在一个相对宽松自由的环境下进行讨论交流，而不是在一种类似于被安排的情况下而被动开展。但是在当前制度下，如果不按要求去做，就会影响学习圈考评结果，这种监察制度的矛盾会在一定程度减少参与人员对学习圈活动本身的积极性，导致参与人员只是应付检查便将活动形式化，该如何平衡监管与自由发展一直是一个值得商讨的问题，但总的来说，应依据学校自身实际现状具体分析，并在大方向上明确自身指导方向、提供多种物资保障的作用，尽量多地避免监管，使学习圈更加自由发展。

另外，学习圈的日常活动缺乏足够的活动依托点，仅限学生发起期感兴趣的主题以招募成员，与在固定时间展开学习圈内部的经验交流会。在当前的模式下，相关活动举办的频率低，组织力量不足，学生参与的积极性不高，学习圈成员之间的沟通交流不畅通，缺乏默契与对相关研究课题的团体研讨，难以形成一个统一高质量的研讨结果。与此同时，高水平的指导人员极度匮乏，不同高校受自身教育特色的影响，在校园中会形成不同的文化氛围，这也就导致学校物质资源的倾斜，形成一些特长领域。这种教育环境形成的特殊领域会影响到同学们的兴趣点，而兴趣点则会直接影响到学习圈主题的确立。目前学习圈活动共邀请了刘家安、张文灿等 12 位校内受同学们欢迎的老师作为团队指导老师，同学们以这些老师提出的课题共组建了 12 个理论研究类学习圈团队，但是考虑到当前学习圈之基数，指导老师的数量还远远不足。我校部分领域

（如法学）教师资源丰富，关注相关问题的学生也多，因此在法学领域形成了一个非常有利于交流、探讨的环境。然而对于某些其他领域，学校资源相对不足，在该领域学生可获得的资源少，使得对该领域感兴趣的学生人数不足，同时学习圈的有关问题也很容易面临无法深入解答的困境。因得不到有效资源，使得一些问题的研究不了了之，或花费大量时间研究却收益甚微。这种情况会大大挫伤学习圈成员的积极性，阻碍其攻坚破难、一往无前，更无须说获得进步、深度探索。

此外，当前学习圈活动缺少各个学习圈之间有效的交流环节，只有学习圈内部的互相学习而缺少学习圈之间的互助交流，不利于学习圈之间互补互助、和谐竞争、共同突破，这也是学习圈目前活动形式化的原因之一。

首先，这些问题，在学习圈注册之前加大对学习圈的宣传，努力使每一个因为某种原因加入学习圈的参与者都清楚这是一项怎样的活动，明确小组讨论的实际意义。其次，增加活动场地大小，增加所借教室的数量，或者扩充教师的容量，使真正想用"自己的独特方式"进行小组讨论的学习圈成员可以尽情的发挥。然后，在每个学习圈内部设置我们作为组织者的通讯人员，时刻了解每个学习圈的第一动向。努力为学习圈团队打造自由的学习环境，为不同的学习圈团队搭建沟通交流的机会，为学习圈团队共同寻找新的内容依托点，是防止"友思"学习圈团队日常活动形式化倾向发展的有效途径。

第三节　团队活动持续度问题

与此同时，学习圈也面临持续度不足的问题，从主观层面上讲，核心原因是学习圈创建仓促，不允许成员在课题上做细致考虑，参与成员对课题不够了解、兴趣不足，而不愿意去为此付出多余的时间。客观上，监察和场地也成为其中的关键因素：监察不够细化，威慑力不足，评测指标与学习圈本身运转存在部分脱节。而且所借教室也无法完全满足学习圈的要求，常出现场地不足、教室过于吵闹等诸多问题。学习圈在开展的过程后期，会有持续度不足的趋势，当然这之中也有一些不可避免的原因，比如核心成员出现意外情况使活动难以开展。针对学习圈活动持续度的问题，我们将产生的原因及相应的解决方法归为以下三点：

第一，学习圈成员并非对其研究的内容抱有强烈的兴趣，逐渐失去研究动力。在学习圈成员的招募制度中，一旦超过截止日期，学习圈的成员便不可再变动，该项制度使得学习圈成员选择学习圈时的容错程度过低。就目前的情况来看，一部分参与学习圈的同学抱着对该学习圈主题好奇的态度，以试玩的心态或者只是不好拒绝朋友的邀请而参与到学习圈中，往往并不真正了解自己所参与的学习圈，因此很容易产生同学对活动的宣传的理解与活动的实质内容不一致的情况。或是有的同学仅是受到学习圈氛围的影响，尚未明确找到自己的爱好与学习方向，更是难以正确选择学习圈的主题。由于上述情形而参与学习圈的学生在后期活动中因为活动实质与他们的预期相差较大而产生较强烈的失望与不满，从而导致对活动的懈怠与放弃。

这些情况的发生让我们应当明确一点，就是学习圈应当是学生们自主建立的一个共同研究的平台，在审查的阶段，应当对全部成员对于课题的兴趣和了解程度进行必要的考察，能在前提上保证学习圈的成员大部分是真心想要研究此课题，而不单单是因为朋友关系而加入，或仅仅是为了活动资金而加入。此外，学习圈成员对于课题的选择有时候也会比较冲动，而没有经过慎重的思考，这种情况的结果已经在上文有所涉及，基于这种情况，建议能够允许学习圈中期换题，在每一轮学习圈固定的某个时间举行第二次答辩，接受一些早期因为选题不慎而陷入研究困境的学习圈的换题申请，或者允许学习圈成员的内部流动。最好的设想是可以建立这样一种体制：学习圈的课题只由组长个体提出，在网络平台上公布，由申请参与学习圈的同学自由选择想要研究的课题。这样不仅能够相对保障同学对于课题的热情，还能够打破仅由室友好友组成学习圈的局限性，加深不同学院不同年级的学生之间的交流，在交际的拓展方面也能吸引更多的成员。

第二，监察制度和评价制度方面存在缺陷。学习圈虽然应当是学生自主研究的平台，但如果缺乏了强制性，那么就会产生参与度、持续度不够的情况。学习圈每周需要进行例行活动。要想活动更好地实行，必须要有一项好的监察制度，所以设立监察人员是非常必要的，但是现今的监察制度使得监察活动进退维谷。当前的监察制度仅限于活动的签到人数与实行时间，但是这无法作为考评一个团队活动实施质量的重要标准，学习圈团队交流活动的质量无法得到保障，监督的效率过低。部分学习圈团队基于特殊因素，自行寻找场地进行讨论交流，而这也会牵涉到相关监察人员是否能够到场监察的问题。

同时也会面临较严重的监察人员不足问题。因此，在当前监察制度下，学习圈的监察存在形式上过于干预但在实质上可监察力度不够的问题。归根究底还是团队数量与监察制度的矛盾以及无法实行专门团队负责制的问题。监察制度的缺陷同时导致了评价制度的缺陷。当前对于学习圈活动质量的评价标准仅限于活动上传的基本情况与照片，但是这不足以作为一个评价学习圈活动质量的标准。因为举行活动与活动举办情况良好是不能划等号的，许多真正的收获是无法通过这些照片和基本情况传递的。关于监察制度，在人数充足的前提下，可以采取细化监察的方法，监察人员应量化评价学习圈例行活动的标准，在确保人员到场以及最低限度的活动时间之外，对学习圈的活动进行有具体指标的分级测评，并最终反映到资金的发放或者最终评定上。而在人员不足的情况下，可以采取收取具体活动记录的方法，所有的例行活动都要求有一定的记录来反映活动的进展。这也可以对学习圈不使用事务部所借教室的活动进行一定的监察。可无论怎样的方法都需要更多的时间成本和人力资源，在根本上确保参与者对于学习圈的热情是最必要的。

第三，学习圈进行过程中的场地问题。社团联合会作为学习圈活动的发起者，应当为没有合适活动场地的学习圈提供场地，如果不能提供或者提供的场地不适合研究性学习与讨论，那么也会降低活动的持续度。然而学校社团众多，为了平衡各社团、学生组织的教室借用，更大限度地利用场地和时间，本学年上学期社团联合会决定借用周末时固定的阶梯教室以同时容纳较多的团队，尽可能用最少的教室解决最多的"学习圈"团队的场地问题。但是即便如此，依然存在许多问题。一方面，阶梯教室中一些小组的讨论往往会影响到周围其他小组，嘈杂的环境尤其会影响需要安静环境的学习圈的活动，甚至会影响到其他教室上自习的同学。另一方面，在临近期末时，自习资源紧张，一些同学干脆一直坐在"学习圈"教室中，即便有人讨论也不离开，也对"学习圈"小组的讨论产生了不便。本学期，事务部提供给学习圈的教室已经改为规模为100

的普通教室，这些问题可能会稍有改善。如何满足"学习圈"团队的场地需要，始终是个矛盾重重难以平衡的问题。

其实，只要有讨论的想法，活动的地点不仅限于社联事务部所借的学习圈教室，学习气息浓厚的法大有很多适宜讨论的地点，我们可以逐步倡导更多的团队利用成员的空闲时间且充分利用学生活动中心、逸夫楼一楼甚至图书馆大厅等地点进行讨论，不要过度依赖社联的教室安排，或者将一些不需要发出太多声音的活动留到教室里来做。这样既方便了该团队自身，也方便了学校其他同学。

❖ 第四章 ❖

眺望未来的"友思"

第一节　"友思"学习圈成员的多样性发展

"友思"学习圈参与人数的增多与团队数量的上升为学习圈成员的多样性提供了坚实的基础。学习圈成员的多样性凸显了学习圈团队活动的灵活性、丰富性、自主性，营造了积极向上、宽松和谐的学习圈文化氛围，使得"友思"学习圈活动呈现出百花齐放、百家争鸣的良好景象，给予了法大师生更多学习课外知识、技能的机会，对于营造良好的校园学习氛围具有重要的意义。

一、团队成员的多样性发展是"友思"学习圈活动持续开展的重要保障

彼得·圣吉的《第五项修炼》中提到了"学习型组织"这一概念——善于不断学习是学习型组织的本质特

征，这种集体学习的新模式已经成为当今最受认可竞争优势的来源之一。因此，采用了这种学习模式的"友思"学习圈在发展的过程中，要鼓励其成员之间通过各种形式相互学习和交流，交换各自的观点和想法，从而更有效地创造出新知识，提高学习的效率，创造出更多的学习成果。而多样性作为社会群体的一个重要特征，反映了社会群体中成员之间的差异。信息决策理论从资源信息的角度出发，提出了"多样化的群体拥有更多的认知资源，更加全面的知识和信息"的观点。如果"友思"学习圈团队中包含有多样化的个体，就会出现个体之间观点的冲突，群体成员针对不同的观点进行深入的讨论，以及反思式的沟通，从而在交流和互动中提升团队和个人的创新与创造力，提升团队与个人的工作效率。

首先，在目前的"友思"学习圈活动中，每个学习圈团队都由 8~12 名有共同兴趣的老师和同学通过读书和面对面对话交流互动的方式组成，组织者通过鼓励跨院系、跨专业的老师和同学进行合作交流，构建了法大师生良性互动的平台。其次，学习圈不同于传统的授课教学和读书自学而是以小组平等交流、自由讨论为主要学习形式，具有兴趣性、平等性、互助性、分享性的特点。再次，四期"友思"学习圈活动的开展直接使上千名师生受益，同时将团队合作、自主学习的学习模式普及到了广大同学中，起到了配合、衔接法大课堂教学的作用，有利于构建学生自主学习新模式，并营造了良好的校园读书氛围和浓郁的学习风气。最后，从团队主题上看，主题选取范围较为广泛，从主要的理论学习到艺术、体育、社会实践等健康向上的领域都有所涉及。多元的主题选择使得团队成员能够围绕共同选择的兴趣主题进行自由开放的思想碰撞、经验和知识的无私共享以及兴趣爱好的深入交流。

二、成员的多样性是学习圈的重要动力，同时也是学习圈发展的必然趋势

合作学习理论（Cooperative learning）在 20 世纪 80、90 年代，被我国教育界广泛地认可，并引入到各层次、各类型的教学理论和教学模式的创新之中，采用这种学习理论的主要目的是为了提升学生的学习成绩、合作能力以及探索建立新型的师生关系，而经过一段时期的实践，这一理论并没有在我国的教育系统内外化成为特定的学习模式。依据学习理论的基本观点，在教学活动中应鼓励全体参与者共同开展学习活动，加强学习者之间的相互交流，从而达到共同发展、师生教学相长的目的。

坚持鼓励学习圈成员多样性是学习圈发展的基本原则。"友思"学习圈在继承传统学习圈自由组队、平等交流的特点的同时，鼓励组建跨院系、跨专业、跨校区的师生合作交流团队，目前，90% 以上的团队都是由不同学院的成员构成，其中 10 个团队是由我校研究生与本科生共

同参与的。丰富的学习圈成员结构使得团队成员交流更为广泛，促进了学习圈成员的多样性的发展。

建设信息交流平台则进一步促进了学习圈成员的多样性发展。前两期的学习圈活动主要通过社联和各个团队的微信、微博、人人账号进行互动和宣传，而在第三期"友思"学习圈活动开展过程中，则建立了一个统一的学习圈信息交流的网络平台，并且通过手机应用软件和电脑平台的形式进行了同步推广。新版学习圈 APP 新添了用户与学习圈团队的在线互动技术，使其具有在线组建团队、在线报名参加团队、在线发布学习圈团队活动信息的功能。这款 APP 不仅能成为各团队信息交流的平台和团委便捷可靠的网络监管工具，同时也让同学们能够随时随地了解学习圈学习动态、参与学习圈活动，扩大了学习圈自主学习模式的校园影响力，于无形之中增加了学习圈活动的间接参与人数。

三、学习圈运行模式的不断发展，也必然要求学习圈团队成员多样化

多数团队活动需要有各种各样的技能与知识，当一个团队在成员个性、性别、年龄、教育、专业分工以及经验等方面存在差异时，其对于任务所需要素的满足程度以及有效完成任务的可能性均会增大。因此由不同个体构成的团队可能因其拥有不同的能力与信息而更有效化。一些研

究已经证实了这一结论，对于涉及认知能力、有创新需求的任务而言，这种现象更为显著。从学习圈的构成要素来看，"友思"学习圈是一个以多样性为基本特征的组织，其成员的差异性十分显著，这种成员的多样性和差异性是学习圈开展活动和管理运作的巨大优势，同时也为学习圈团队成员深入交流、开展活动提供了有利的前提。

学习圈线下运行模式，充分地发挥了学习圈成员多样性的优势，学习圈团队的宣传报道的影响力也持续扩大。在第三期学习圈活动中，我校社团联合会宣传中心将每两周对自愿报名的两个学习圈团队进行深入采访与报道。在保留前两期"友思"学习圈大型中期交流分享会和最终成果分享会的同时，第三期"友思"学习圈在活动期间创新性地组织了5~6场相近类型的学习圈团队之间的小型经验交流会，使学习圈活动的参与者在交流中收获了更多的组织经验，充分发挥了学习圈成员多样性的优势和效用。

在信息决策理论和合作学习基础理论的指导下，"友思"学习圈注重学习圈参与成员个体的多样性和个性化，并致力于加强团队主题的方向性引导。在学习圈的交流学习过程中，就个体间交流来看，参与者个体的知识、阅历的多样性毫无疑问地成为了学习圈团队本身的重要资源。就团队交流来看，学习圈主题的丰富多样为团队间的观点碰撞和信息共享提供了可能。这种多样性的发展趋势为"友思"学习圈借鉴经典学习圈"自主交互式"的教学实践模式提供了助力,引导着参与者自主学习、互助学习、个性学习、兴趣学习。

正如古诗中所描述的"一枝独秀不是春,万紫千红春满园",要促进"友思"学习圈的稳步发展,必须重视学习圈团队成员的多样性,使之为学习圈活动注入新活力。与此同时,不断创新学习圈活动的发展思路,使其更加规范、有序、健康和充满活力,乃至成为沉淀校园文化底蕴,传承校园文化精神的有效载体,进而促进校园文化的繁荣和发展。学习圈成员的多样性主要体现在以下两个方面:第一是学习圈参与人员的多样性。每个"友思"学习圈都由8~12名固定参加人组成,随着前三期学习圈团队数量的增多,直接参与到学习圈活动中的人员已经超过1 000位。并且根据学习圈成立条例,全校师生均可申报参与学习圈活动,因此学习圈参与人员的来源十分广泛,具有跨专业、跨校区、跨年级三大特征。学习圈参与人员不仅基数大,而且来源广,这就决定了学习圈参与人员具有多样性特征。第二是学习圈主题团队的多样性。每个学习圈按规定须有一个固定的主题,并且由于创建"友思"学习圈的目的是为了创新同学的学习模式,故而对学习圈的学习内容没有过多苛刻的限制,只要学习内容积极健康,都予以支持。自从第二期"友思"学习圈活动以来,学习圈团队主题的方向性引导得以增强,学习圈主题团队被分为理论学习、课外生活、文化艺术及社会实践四类。这四类学习圈主题团队中，理论学习类学习圈比重最高，其中有一定数量的以"校长推荐阅读书目"为主题内容的学习圈和指导老师推荐主题的学习圈。可以说学习圈主题团队以兴趣为导向，以互动学习为目标，以积极健康为基本性质，呈现出一种异彩纷呈的发展模式。

上述两种多样性的关联是微观与宏观的关联，学习圈主题团队的多样性恰恰是以学习圈成员的多样性为基础的，而参与成员的多样性又为学习圈主题团队的多样性提供了有效框架。两者密不可分，紧密相连。

第二节　"友思"学习圈组织形式创新发展

具体而言，目前的"友思"学习圈组织形式是一种自下而上的运行模式。每个学习圈均有一位发起人，该发起人既是学习圈的代表人，又是学习圈活动的召集者。以学习圈活动的教育作用为着力点继续进行改革与创新是今后"友思"学习圈活动的重要任务。在学习圈活动形式的创新上，既要突出活动的思想性与针对性，又要增强活动的系统性与时效性。一方面，要明确"友思"学习圈的重点不仅在于知识的获得，而且在于自主的学习风气与集体互助观念的培养。在成员彼此交流互动的过程中，要培养主体间互相学习、互相促进的观念，提高学习圈成员对不同观点的理解、分析与接纳能力，构建个体成员的多元价值观体系。另一方面，要确保活动内容与形式的统一、目的与效果的统一：对于学习圈的主题要进行系统设计与科学安排，保证学习圈活动能够紧密围绕选定的主题持续、有效地开展，努力克服活动开展的无序性，坚决杜绝形式主义。日后的"友思"学习圈活动的开展可从以下几个方面进行形式创新。

一、进一步增强主题方向性引导

《国家中长期教育改革和发展规划纲要（2010－2020年)》指出，"把社会主义核心价值体系融入国民教育全过程。加强马克思主义中国化最新成果教育，引导学生形成正确的世界观、人生观、价值观；加强理想信念教育，坚定学生对中国共产党领导、社会主义制度的信念和信心；加强民族精神和时代精神教育，增强学生爱国情感和改革创新精神；加强社会主义荣辱观教育，培养学生团结互助、诚实守信、遵纪守法、艰苦奋斗的良好品质"。同时，"加强公民意识教育，树立社会主义民主法治、自由平等、公平正义理念，培养社会主义合格公民。把德育渗透于教育教学的各个环节，贯穿于学校教育、家庭教育和社会教育的各方面"。因此"友思"学习圈的发展创新要以树立当代大学生正确的人生观、世界观和价值观为根本出发点。学习圈在主题选取上的要求为内容健康向上即可，为了更好地适应国家的大学教育改革与我校素质教育创新的实践，招募学习圈团队时应该作出更多的主题方向性引导——引导我校学生坚持四项基本原则，鼓励同学们积极开展课堂外的学习与实践。如第三期"友思"学习圈中的"马克思原著学习圈""党政理论研习学习圈""《新教伦理与资本主义精神》学习小组"等学习圈紧密地将社会主义核心价值体系精神融入自己的学习圈研究范畴。

全面发挥"友思"学习圈对大学生全面素质教育的引领作用，培养我校学生建设法治社会的责任意识。理论知识的学习和探讨不仅仅能够解放思想、拓宽视野，更能够提升大学生整体综合素质。理论学习是进行社会实践的基础准备和必要前提，而作为富有创造力的大学生群体，加强理论学习、深化专业技能是积极进行社会实践的重要途径，所以学习圈的发展应继续发挥理论研究类型学习圈的重要作用。在三期学习圈中，以读书为主的理论研究类学习圈数量占学习圈总数的60%，而这其中有30%的团队是以"校长推荐阅读书目"为固定主题内容进行阅读和活动的。同时，学习圈活动应扩大专家、学者等人群的参与，为学习圈发挥理论学习的重要作用提供智力保障，使更为专业的视角真正走进同学们的研讨过程之中。在第三期学习圈的开展过程中，共邀请了刘家安、张文灿等12位校内深受同学们欢迎的老师作为团队指导老师，同学们以这些老师提出的课题共组建了12个理论研究类学习圈团队。

另外，学习圈的发展充分发挥了我校作为法学最高学府的优势，紧密结合当下中国热点法律问题，培养当下法学大学生以推动民主法治建设为己任的责任意识和使命意识。如学习圈经典优秀团队——"反垄断法研究小组""农村法治研究小组""员额制前沿""众物流与轻资产的国内发展的前景研究"等学习圈将专业法科知识与热点时政相结合，形成了当代大学生与社会的良性互动。

理论是思想的载体，理论知识是通过探索和实践总结归纳出来供人们参考和借鉴的宝贵精神财富，正是如此，理论学习是大学生思想升华的本源。同时，理论学习是大学生进行创新实践的必要储备，优秀的理论是对优秀思维方式的参考和借鉴，只有在前人的劳动成果中不断提炼深化才能取得新的突破。所以，学习圈活动的开展要继续保持理论性学习圈在学习圈总数中的比重，促进同学们自主进行理论学习与研讨，培养我校学生对于推动法治社会建设进程的责任感和使命感。

二、打造网络信息时代的"互联网＋友思"模式

互联网时代的自媒体虚拟平台在活动的宣传和推广方面有着普通媒介不可比拟的效果，建设"互联网＋友思"的学习圈模式不仅是"友思"学习圈形式创新的重要突破口，同时也是学习圈活动健康持续开展的必然要求。创新学习圈监管新形式，利用自媒体虚拟平台的裂变效应，将

学习圈的学习方式和成果进行广泛推广。根据传播的裂变效应，互联网媒体的信息传播是多中心的一对多式传播，即以用户为中心组织和推广内容，通过网状链接的裂变传播形式，利用转发、评论，实现快速有效的叠加式传播。学习圈成果的真实性是传播裂变的内核，互联网平台的宣传使得优秀的"友思"学习圈成为可信、可学、可比的典型，对于学习圈整体活动的宣传和推广起着至关重要的作用。通过四期的学习圈活动的实践，目前这种自主学习的模式已经被法大学子广泛的理解和接受。今后学习圈的发展，需要继续大力借助网络平台将宣传重点放到学习圈学习模式对于学习的价值和意义上，争取让法大的同学们在没有资金支持的情况下也能自发组建学习团队，实现学习圈这种学习模式在我校更为广泛的普及和深化，在法大校园内形成一种团队合作、自主学习的良好学习风气。

值得一提的是，在我校团委的大力支持下，"法大人"运营团队针对学习圈"自主互动"的模式特点开发了"法大人"APP。这款 APP 建立了一个统一的学习圈信息交流的网络平台，有效地将学习圈团队的实时信息和研究成果通过手机应用软件和电脑平台双重形式同步推广。"法大人"APP 利用在线互动技术，集"在线组建团队""在线报名参加团队""在线发布学习圈团队活动信息"等功能于一体。同时，APP 还开放了通过后台对学习圈团队进行监管的功能，自由是学习圈活动的主要宗旨之一，所以对于"友思"学习圈活动的监督管理需要在不干扰团队活动的前提下，确保各个团队合理使用资金和其他公共资源。因此，"友思"学习圈在监督制度上实行了线上与线下同时跟进，线上团队自主申报与线下联络人抽查相结合的方式。这种监督管理模式在避免对于各个团队过分干预的同时，保障了我校团委对于各个学习圈团队活动的及时跟进了解，增强了学习圈团队活动的规律性并大大提升了团队活动的质量，真正的将"自主"的学习精神贯彻到日常的监管之中。在今后学习圈活动开展的过程中，要继续利用这款 APP 的在线互动技术，灵活运用"学习圈成立申请""团队成员报名""事实动态分享""日常活动记录""学习成果分享"等功能，使这款 APP 成为各团队信息交流的平台和团委便捷可靠的网络监管工具。更为重要的是，利用 APP 的网络分享功能，能够让全校的同学们随时随地了解学习圈学习动态和理论成果，鼓励同学们积极参与到学习圈活动之中。

学习圈之间的互动交流更要充分利用网络媒体便捷性的特点。"友思"学习圈原有交流机制除组织大型的学习圈成果分享会之外，还包括了多场性质相近的团队之间的小型经验交流会，同时每两周推出两个自愿报名的学习圈团队活动的介绍和采访，形成常态化的宣传机制。尤其在宣讲会、分享会等中后期活动中加大宣传力度，让同学们感受到学习圈持续的活动效果。今后学习圈的发展要充分利用各学习圈团队的自媒体平台进行成果分享。自媒体平台这种基于网络社交圈的分享形式，因分享成果具有真实性和及时性而更易被受众所接纳。自媒体平台的"真实性""及时性"的特点恰好与学习圈"自主性""分享性"的特征相辅相成，以第三期"友思"学习圈为例，在所有团队中，47%的团队建立了独立的网络公众平台，53%的团队采取线上分享（如朋友圈、微博）的方式进行活动宣传。继续提高建立网络公众平台的学习圈比例、扩大学习圈影响力显然是学习圈活动推广普及工作的重点之一，加大自媒体平台的宣传力度，让未参与到活动中的同学们从学习圈团队分享的学习成果中获得知识，汲取经验，加强对学习圈活动的认同感，提升学习圈活动的影响力。

三、与通识性文化教育相结合

为了全面贯彻落实中央《关于深化教育改革、全面推进素质教育的决定》和教育部《国家大学生文化素质教育基地建设的实施意见》的精神，坚持从我校实际出发，全面提升文化素质教育的水平和效果，我校提出了"中国政法大学国家大学生文化素质教育基地"的建设目标，为培养高素质的法治文化人才进行积极的理论与实践探索。"友思"学习圈作为中国政法大学人文素质教育的全新模式，对我校学生文化素质的提升和高等教育的人才培养具有基础性价值和建设性作用——作为一种互动交流的平台，学习圈通过人文社科类的研讨课题，在增加科学文化素养、拓宽知识视野的同时，更能够锤炼学习圈团队成员的创新思维，进而提升成员的综合素质；作为一种通识教育的新鲜尝试，它促使了我校创新人才培养模式，有利于培育自主的学习风气和校园文化。将"友思"学习圈与"中国政法大学国家大学生文化素质教育基地"建设相结合，打造有灵魂的新型"友思"学习圈培养模式。

加大对人文社科类学习圈的扶持力度是学习圈发展的重要方向，人文社科类学习圈要以打造出立体化的人文教育环境，将"知识技能系统"和"人文价值系统"进行有机结合为指导目标，鼓励学习圈团队成员通过实践体验，促进文化的传承和创新，丰富校园文化。高水平、多学科的通识课程是中国政法大学文化素质教育的重要组成部分。以打造"有灵魂的通识教育"课程体系为目标而形成的两门通识核心课程为基础和13门通识主干课程为支撑的通识培养体系成为学校创新性改革的主要渠道。"友思"学习圈恰好是对学校基础性通识课程的有效补充，通过课外独立的探究与项目的实践，学习圈能够立体化的培养和熏陶我校大学生的人文素质和人文情怀。如往期的优秀学习圈中"江山如画学习圈""古琴与太极学习圈"、"酷儿与人文主义研究学习圈""文化古迹考察团"等团队，采取自主研讨、实地调研等多种形式进行人文知识的自主学习，形成对课堂学习的有效补充。人文社科类学习圈能有效地将研究成果不断转化为团队成员的内在品质，对形成优良的校风及学风传统、构建富有人文精神和科学精神的外在环境起到了积极的促进作用。

因此，将"友思"学习圈与"大学生文化素质教育基地"的建设相结合是一项值得高度重视的创新性举措。要鼓励学习圈团队成员积极开展实地调研活动，以学习圈团队开展的文化素质活动为载体，充分发挥"友思"学习圈在我校学生素质教育中陶冶和引导的功能及作用。每个"友思"学习圈团队都由 8～12 名有共同兴趣的老师、同学通过读书和面对面对话交流互动的方式组成，依托这种成员组成结构，法大师生获得了更多的沟通机会，也促进不同院系间同学们的相互了解。人文学院、光明新闻传播学院、社会学院、马克思主义学院、政治与公共管理学院等不同院系同学的参与保证了学习圈主题选取的广泛性与专业性，在艺术、体育、社会实践等健康向上的领域都有所涉及。基于这些主题进行的自由开放的思想观点碰撞与经验知识的无私共享，巧妙地将人文素质的培养融入同学们的课余生活之中。而学习圈包容的特点则给予了法大师生更多参与到学习圈活动，获取学习课堂之外的技能的机会。

四、健全"友思"学习圈移动借阅书库体制

面对着互联网时代的冲击，大学生普通纸质媒介阅读

受到严重的挑战。《中国教育报》发表的"聚焦大学生阅读缺乏症"一文中提到，河北大学青年发展研究中心以国内部分综合性大学在校学生为调查对象，对大学生当下的阅读量及阅读内容进行了调查研究。调查结果显示，大学生平均一个月（4周）的纸质阅读量大约为1.47本，电子阅读量大约为1.92本，二者相加一个月也仅仅读3.39本。根据有关调查，2011年我国人均读书仅4.3本，远低于韩国的11本，法国的20本，日本的40本，以色列的64本。在我们的调查中，大学生每月阅读量约为3.39本，这样算下来一年的阅读量约为40.68本，虽然高于国家人均水平，但是比起"读书大国"，我们的阅读量仍有较大差距，这是我们拥有着五千年文化的文明古国不得不直面的危机与尴尬。

从阅读题材的选择与阅读内容上看，大学生选择的课外读物主要集中在文学历史类（44.2%）、考试专业类（39.2%）和娱乐类（16.6%）。同类调查中，喜欢阅读文学、经典名著的学生所占比例最高，分别为59.39%和42.62%。这表明博览群书已然成为大学生阅读的主流观念，读"精"不如读"博"，且大学生的阅读兴趣还是集中在文学经典名著等作品中，文学的吸引力依旧强大。"在大学生阅读时主要采取哪种方式进行阅读的调查中，快速通读是大学生的首选方式，占45%；而边读边做读书笔记或批注的只占33%；不做读书笔记或批注，甚至中途就放弃阅读的占 22%。这样形成的阅读效果是能够全部记住阅读内容的同学只有 8.05%，绝大多数同学只能记住一小部分或者记住大概。"

正是基于这样的现状，"友思"学习圈活动极其重视学习圈团队的经典书目阅读需求，有针对性地扩充书库资料。借鉴"全民阅读"观念，不断丰富作为学习圈理论性学习活动顺利开展物质保障的移动书库，推动学习圈模式的校园阅读风气的形成。为方便理论性学习圈开展阅读和学习活动，从第二期"友思"学习圈开始，学校专门建立了学习圈移动式借阅书库，并为理论学习团队开放了我校团委政策研究中心的理论阅览室。设立"友思"学习圈移动式借阅书库的目的是鼓励学生阅读经典书目、学习传统文化。移动式的借阅机制，有效地节约了各个团队单独购买书籍资料的费用。我校团委学习圈借阅式书库购买书目达 258 本，其中包括校长推荐阅读书目、东方经典书目、西方经典书目和学习圈团队补充的经典阅读书目四部分。书库设立后取得了良好的成效，截至目前，书库中书目的借阅次数已经超过 600 次，覆盖了全部学习圈的参与团队和成员，有效地促进了法大全体师生对于经典书目的阅读和学习。

移动借阅书库机制的完善要从借阅制度的改革和书库内容的扩充两方面同步进行。就借阅制度而言，应该确保书库借阅对象的广泛性，不仅仅将学习圈上报的书目作为该学习圈的学习资料,更应该将这些书目向所有学习圈团队、甚至全校同学开放,形成一种资源共享,多方利用的良性效果。为了确保资源的有效利用,还要加强对学习圈书籍使用时长的监督,规定合理的借阅周期,确保移动书库中的书籍能够得到高效的利用。就书库内容的扩充而言,要维持原有采购模式不变,即校长推荐阅读书目由我校团委直接采购,学习圈推荐书目由学习圈上报书单,经团委审核后由团委统一购买。在这一基础上,可以考虑将书目的推荐资格扩大至全校师生,即由我校团委发出统一购书公告,全校师生对采购书目进行推荐,经筛选后由学校统一购置,并将购买的书目直接纳入移动书库之中。另外,还可以借鉴"漂流式书库"的模式,鼓励全校师生将自己推荐的经典书籍寄存于移动书库之中,书目寄存者可从移动书库中借阅其他的书籍,形成资源的多次利用。此外,由理论性学习圈形成的研究成果、读书报告等资料性学习成果也应该成为书库的重要组成部分。这部分资料是理论性学习圈成果的集中展示,更是我校师生借助学习圈平台进行自主学习、自主探究获得的宝贵资料。

在借助"友思"学习圈移动阅读书库培养全校阅读文化的过程中,要结合我校推广阅读的现状和实际,对现有的移动书库资源进行优化配置,科学地确定组织规模,以学习圈团队为依托,加强沟通、整合管理,有效实施和控制图书借阅活动的范围、时间和规模，提高活动整体的吸引力与影响力，努力在法大校园中打造一种"友思"学习圈式的阅读风气。

五、调整线下运行模式，寻找学习圈活动的新型依托点

促进学习圈之间的相互交流和学习一直是学习圈活动开展的一项重点工作，积极开展主题相关的学习圈的经验交流会，引导学习圈交流的针对化、精细化、常态化。瑞典经典学习圈理论的倡导者奥斯卡·奥尔森认为，"每个人都应该自己教育自己，参加者在学习聚会期间都应该选择自己的阅读文献，自己做准备，积极地与其他参与者一起交流他们的知识。同时，学习圈也是一个民主的论坛，参加者自行决定学习的内容和方法"。可以说学习圈的目的不仅是进行知识性的积累，还是要培养一种质疑的精神和创造良好的学习气氛。这种自律式和自主式的学习方式对于学习圈组织者有着巨大的挑战。学习圈组织者需要时刻关注团队成员的兴趣转变来及时调整具体活动的内核主题，激发学习圈团队成员的参与兴趣，这样才能维持学习圈团队成员的稳定和活动的健康持续开展。因此，学习圈团队之相互交流就显得尤为重要——团队组织者可以通过交流相互借鉴团队运行管理的经验，团队成员则可以通过不同团队的成果分享得到补充性的知识学习。如在第三期

"友思"学习圈的活动中，在保留大型中期交流分享会和最终的成果分享会的同时，我校团委在活动期间组织5～6场相近类型的学习圈团队之间的小型经验交流会，帮助同学们在学习圈之间的交流中取得了更大的收获。

对于学习圈发展的新的依托点的探索是组织学习圈团队进行交流的重要创新。学习圈团队交流平台的搭建既要注重学习圈自身特色的发挥，又要结合时政热点进行新的探索，深化活动内涵。一方面要抓住学习圈发展趋势，比如在宪法日组织相关法律类社团进行小型座谈会，进行法律问题的探索、在5月4日、12月9日等具有纪念性的实践组织党政理论类学习圈进行相关历史回顾活动，等等。另一方面要在不失"依托点"的基础上组织互动，将分享会、交流会的规模小型化、常态化，鼓励同校内的学习圈之间多接触、多联系、多沟通，促进互动常态化。积极寻找学习圈活动结合点，增强学习圈的组织力量，节省活动经费，实现资源的共享。同时，学习圈成员依据其兴趣特点加入学习圈团队，只有学习圈开展的活动符合其兴趣和个性发展，才会提高其活动参与的积极性。所以，学习圈活动的交流要注重提升学习圈活动的质量，为学习圈团队寻找新的活动依托点——搭建交流互动平台。寻找与学习圈主题相关的课程为依托，邀请相关领域的老师针对学习圈成员进行指导性讲座，利用专业性、理论性的知识引导成员对学习圈活动增强理解，从而提高整体学习圈成员的积极性。同时，也可以充分利用我校丰富的校园文化资源，依托学院特色和社团特色开展学习圈活动。比如组织人文社科类学习圈参与到我校人文学院主办的"中华文明月"活动、学生社团联合会主办的"诗歌大赛"活动、组织法律理论类社团参与到我校团委主办的"学术十星"论文大赛、准律师协会主办的"圣运杯北京市准律师大赛"、组织创业实践类学习圈参与 KAB 创业俱乐部主办的创业大赛等。

学习圈的创新应从学习圈的"兴趣性""自主性""平等性"和"稳定性"四个基本属性出发，更加侧重于引导学习者自主学习、互助学习、个性学习、兴趣学习。学习圈活动以阶段性成果分享平台等形式给予团队成员更多的激励措施和学习圈对外展示的机会，而固定的研究方向也更有利于提升在校大学生的自主研发能力，形成对现阶段教学模式的补充。因此，要充分利用互联网媒体的优势，与我校通识教育理念相结合，与移动式借阅书库相结合，促进具有相同兴趣爱好的师生间的交流沟通，拉近师生距离，拓宽同学知识视野，提高全校师生对学习圈活动的认同度与参与度。同时，要坚持理论联系实际，有效衔接法大课堂教学，转变教育思想观念，改革人才培养模式，以问题和课题为核心，调动学生学习的主动性、积极性和创造性，激发学生的创新思维和创新意识，掌握思考问题、解决问题的方法，提高创新能力和实践能力，构建学生自主阅读、自主学习新模式，营造良好的校园读书氛围和浓郁的学习风气。

第三节　高校间学习圈交流

一、高校学习圈交流重要意义

不同高校受自身教育特色的影响，在校园中会形成不同的文化氛围，这也就导致了学校物质资源的倾斜。这种教育环境会影响到同学们的兴趣点，而兴趣点则会直接影响到学习圈主题的确立。因此，不同高校间进行学习圈活动的互动交流极具现实意义，一方面可以在不同高校之间实现资源共享，拓宽同学们的知识视野，广泛挖掘兴趣所在，促进学习圈主题的多元化；另一方面，可以交流学习圈活动的组织经验，通过交流让学习圈活动的内容和形式得到创新，实现不同院校学习圈工作的相互支持。

美国新行为主义心理学家阿尔伯特·班杜拉（Albert Bandura）在 20 世纪 60 年代提出了社会学习理论。他认为，要以人、环境和行为三者之间的相互作用为基础，社会中的人在外界环境的影响中才能形成和发展他的个性。班杜拉认为大多数人类行为都是通过对榜样的观察而获得的，很多社会学习都是通过观察他人的实际表现及其带来的相应后果而获得的，因此示范观察学习是社会学习的一项重要内容。他说："在建立抽象的或依据规则来调节的行为中，示范作用已被证明是一个高度有效的工具。通过抽象示范，儿童能获得思维和行为一般规则。各种示范可以通过引起注意、促进认知和解除抑制去影响和改变人的道德判断。"所以只有将"友思"学习圈的学习方式进行普及推广，才能通过不同高校之间的相互交流学习促进我校学习圈活动质量的提升。但是班杜拉也指出，仅仅进行简单的行为模仿是十分不可取的。他认为，很多理论家遵循概念传统，将示范观察学习定义为模仿。他们将之视为一个有机体与其他有机体行为进行匹配的过程，通常在时间上很接近。将示范观察学习视为简单模仿的概念使得示范观察学习的作用减至最低，而且很多年以来限制了研究的范围。示范观察决不是简单的反应模仿，它"在现实生活中，在培养人的能力的过程中，能使我们知道产生各种行为以适应不同目的和环境的观念和规则"。所以，学习圈的交流学习不能仅仅将我校学习圈的组织形式直接适用于其他高校，而且必须要结合每个学校的特色，实现多元化学习圈的建设。

二、"友思"学习圈学习模式在高校间的借鉴作用

目前，学习圈在我校已经基本上完成了推广、普及的

工作，进入了调整和提高的阶段。要实现我校与其他高校之间学习圈活动的良性互动，就必须将这种新型的学习模式和学习思想推广到其他高校中，搭建以学习圈活动为基石的互动桥梁。所以，建立高校之间学习圈活动的交流机制首先要进行学习圈活动在各个高校中的普及，这项工作可以分成三个阶段进行：

第一阶段为我校学习圈活动的总结和学习圈活动模式的完善。"友思"学习圈是我校对于大学生素质教育改革的创新实践，对我校四期的学习圈活动进行总结和反思是进行学习圈活动推广的必要举措，也是完善学习圈运行管理体制的必然要求。经验总结是开展活动的必要过程，阶段性的学习圈活动经验总结可以帮助发现活动举办中存在的种种问题，而结论性的经验总结则可以深化学习圈活动的理论内涵，科学地指导未来学习圈活动的开展与创新。《现代教育科学》杂志刊登的"教育经验总结法分析"一文中指出，"教育经验总结是指在不受外界控制的自然形态下，依据教育实践所提供的事实，分析概括教育现象，使之上升为教育理论高度的一种普遍采取的有效方法"，是"以教育实践工作者为主体，对其从事的一个完整的教育活动的全过程加以主观的回顾、反省、总结，通过分析和思考，认识教育措施、教育现象与教育效果之间的一些必然与偶然的联系，为以后（或他人）在从事类似的教育工作时提供良好的经验、典型，以供借鉴。"

自学习圈活动开展以来，我校团委就一直重视学习圈理论性总结，2014～2015年度，以"中国政法大学'友思'学习圈"为申报题目参与"中国政法大学德育工作创新奖"评选，并先后组织撰写了《合作学习理论视阈下的高校学习圈建设——以中国政法大学"友思"学习圈为例》《中国政法大学"友思"学习圈部分典型团队展示》《中国政法大学第三期"友思"学习圈团队运行情况数据汇报》《关于中国政法大学"友思"学习圈的活动总结与规划》等理论性文章与活动总结规划。教育经验总结法作为教育科研的重要方法之一，可以说，学习圈活动的总结和反思不仅仅对学习圈活动中各团队主题的选定、学习圈相关活动资料的收集、每个周期学习圈的总结与规划具有现实的指导性意义，更对学习圈的推广和普及具有理论性的指导作用。一方面，学习圈的总结有利于指导当前学习圈的实践活动。理论只有和实践相连接，理论才变得具体和有意义，学习圈的理论总结必须来自本身的实践活动，但最终还是要反作用于具体的实践活动才能实现其存在的价值，进而形成学习圈特色活动的体系化理论。另一方面，经验总结有利于促进学习圈活动的进一步深化与推广。学习圈理论全部来源于我校进行大学生素质教育改革的创新实践，是学习圈活动自开展以来的多期实践活动的宝贵结晶，因此这种充满实践性的理论更容易被各个高校所采纳，这种学习模式也更容易得到各所高校创新实践者的认同，进而促进"友思"学习圈活动的大规模开展。

第二阶段为学习圈活动的宣传和"自主"学习模式的推广。活动宣传对于推广活动的重要性不言自明，尤其是推广学习圈这种全新的教育模式的探索成果时，对活动理论内涵与组织形式的宣传无疑是重中之重。只有具备良好的对外宣传机制才能广泛地普及学习圈理念，并吸引更多高校参与到活动中来，从而推动学习圈这种新型学习模式的快速发展。

媒体报道对学习圈活动带来的影响也不能被忽视，良好的对外宣传形象能使学习圈活动在受众接受层面上占据优势。对外宣传形象要能更好地展现"友思"学习圈的价值观与创新学习理念，它的普及和推广不仅仅要得到各所高校组织者层面的接纳，更要通过往期活动典型团队的宣传提升高校学生对于学习圈的认知度，使这种"自主"的学习理念成为当下高校大学生的价值观。2015 年 12 月 8 日，《光明日报》以"中国政法大学：'友思'学习圈相约读经典"为题，报道了我校学习圈活动的开展，并以"礼敬中华优秀传统文化·校园书香""法律学人应该读什么书？""读书，是一种圈子"和"讨论，让思想火花聚成火炬"几个方面对学习圈活动进行了详尽的介绍。我校官方网站、共青团委员会宣传部也先后发表了《友以互助思以为学——我校校长黄进参加"友思"学习圈活动》《我校第二期"友思"学习圈活动圆满结束》等文章来宣传学习圈成果。这些媒体的展示是学习圈活动对外宣传的窗口和平台，也是学习圈活动在各所高校开展普及工作的重要准备。除了借助官方媒体的宣传，作为活动组织方，我校团委也要创新方式，开展学习圈互动的自我宣传，拍摄高质量的"友思"学习圈对外宣传片就是学习圈活动对外宣传的又一方式。视频门户网站、微博等大众化媒介可以有效突破受众局限的弊端，直接将展示内容呈现给目标人群，而投放对外宣传片则是依托此类门户网站进行宣传的主要途径。将学习圈新型学习理念、教育改革的探索和突破、经典团队及成果展示和团队成员心得体会浓缩在宣传片中，高效率、低成本的普及活动是学习圈宣传工作的重要方向，也是促进学习圈活动在其他高校推广的"捷径"之一。在学习圈活动开展的过程中，要不断加深与团队负责人进行沟通，做好各项分享会的记录工作，实时跟进学习圈活动的最新动态，为学习圈对外宣传积累详实的第一手资料，展示出真实、完整、有影响力和实际价值的学习圈风貌。同时也要实时掌握各个高校对于学习圈活动的反馈，有针对性地进行宣传推广工作，保障学习圈对外宣传的顺利开展，为学习圈在高校之中的普及奠定坚实的基础。

第三阶段为落实学习圈活动在高校之间普及的发展规划。经过前两个阶段的宣传和准备，学习圈活动的普及工作就进入到了具体落实阶段。《国家中长期教育改革和发展规划纲要（2010～2020年）》指出："创新人才培养模式。适应国家和社会发展需要，遵循教育规律和人才成长规律，深化教育教学改革，创新教育教学方法，探索多种培养方式……注重学思结合。倡导启发式、探究式、讨论式、参与式教学，帮助学生学会学习。激发学生的好奇心，培养学生的兴趣爱好，营造独立思考、自由探索、勇于创新的良好环境。""友思"学习圈是符合我国教育改革的有益探索，其学习理念的普及是教育改革的趋势，所以在活动推广的过程中要把握住这种创新趋势，增强各所高校对这项活动的认同感。

在这一阶段，要做好充分的前期准备和详尽的推广规划。学习圈的推广规划既要包含对于活动整体推广效果的预期，也要具体到各项推广工作的具体安排，针对学习圈的自身特色和前期宣传的实践经验，将规划落实到普及活动中。首先，学习圈的发展规划要制定明确的目标趋向。针对不同的高校主体，在坚持学习圈"自主"的学习理念和学习精神的前提下，可以根据具体情况灵活地开展不同形式的普及活动。"友思"学习圈活动在我校已成功举办了多期并取得了初步成果，我校的学习圈活动取得的巨大成效离不开我校团委和教务处的帮助，使得学习圈活动能够在资金资源、图书资源、场地资源得到大力支持。另外，现代多数大学生习惯于以教师为主导的传统教学模式，思维习惯倾向于知识记忆型，深度学习能力不足。学习圈活动强调成员的平等性，学习过程中"重交流、轻说教"，倡导每一个学习者自由讨论、共同思考，有利于培养多角度思考问题，提高理解、质疑与批判能力，打破了同学们原有的学习观念，所以在推进学习圈普及的过程中也要密切联系各高校的团委层面，促进学习圈由上至下发起，由下至上开展，在减少活动实施的阻力的同时，也保证高校学习圈开展过程中能够有充足的物质资源的支持。其次，学习圈普及规划的内容和过程始终要为学习圈未来的发展提供理论指导，引导未来学习圈活动的开展能够实现规划所确定建立"面对面的对话交流、互动，彼此相互学习风气"的目标。简言之，要借助学习圈这种由学生自发组织的学习小组的形式，重点宣传"友思"学习圈这种"自主"的学习理念，积极引导各所高校中有共同兴趣的老师、同学通过面对面的对话交流，彼此相互学习的形式组成共同学习的团队，围绕选定的主题进行自由开放的思想观点碰撞、无私共享和深入交流，营造良好互助的学习氛围，切实地将我校这项大学素质教育创新实践的成果推广到其他高校之中。

三、高校间学习圈活动的交流

完成学习圈在高校间的普及工作为学习圈在不同高校之间的交流奠定了良好的基础。作为"友思"学习圈新型教育模式的探索者和推广者，我校自然也就充当着组织各高校进行互动交流和经验借鉴的重要角色。对于这种全新的教育改革模式，不仅仅要提升各个高校的认同度，更要通过交流的方式提供可以参考借鉴的具体可行的活动实施方案。为此，可从如下的三个方面做出努力：

（一）加强"学习圈"活动在两校区之间的交流。

由于我校研究生院与本科生院地理位置相距较远的实际情况，平时两校区交流较少。但由于两校区拥有相似的文化背景和历史人文积淀，学生较容易找到相同的兴趣点，因此在我校两个校区进行学习圈的交流活动具有较强的可行性。由研究生院与本科生院的同学共同组建团队，能够让学习活动更加贴近不同阶段学生的心理，在两校区学生之间架起一座沟通的桥梁，借助我校团委推动的"融汇法大"活动，"友思"学习圈活动已经在两校区之间的交流上初见成效。

在第三期"友思"学习圈的活动发起公告中明确强调，"鼓励学习圈跨校区、跨专业组建团队"，经过充分的考察和筛选，共选出 10 个跨研究生与本科校区的团队，占学习圈总数的10%，其学习内容涵盖理论阅读、传统文化、文学艺术等诸多方面。且各学习圈的活动形式丰富多样，例如，"马克思原著学习"与"公法经典阅读"学习圈经常邀请在校教师与研究生院学生到本科生校区分享理论阅读的心得体会；"古琴"学习圈则积极与外校开展交流互动，并且于近期与北大琴社进行了古琴技艺的切磋与学习；"影视与艺术鉴赏"学习圈通过观看影片、参观博物馆等形式为团队成员全面地展现了不同时期电影的文化内涵；"自由的烛光"学习圈充分利用互联网"交互共享"的特点，对英美法知识进行了深入的探讨与研究，目前其研究成果展示平台的关注人数已突破 1 500 人次。通过跨校区的学习圈团队建设，促进两校区学生之间的交流与互动，拓宽本科生的发展视野，丰富研究生的学习生活，使双方在交流中共同发展。

促进学习圈活动的交流要从组建团队入手。两个校区的学生平时的交流较少，很难通过自身的宣传招募到跨校区的成员。所以今后学习圈活动在招募团队时，可以借鉴"名师指导学习圈"的组建模式，制定固定的学习圈主题，对该主题学习圈的成员进行统一招募，再由招募到的兴趣相同的同学进行自主的再选择，由最终组建成功的团队就选定主题进行答辩，对统一主题的多个团队进行择优录取。这样既确保了团队成员主题的确定性，又保证了团队成员的多样性和参与活动的积极性。对于跨校区建设"友思"学习圈，另一个重点是搭建两校区沟通的平台。目前跨校区学习圈的主要交流形式是两校区学生分别开展日常活动，再将活动成果进行分享和交流。搭建交流平台，打破这种"分工"的学习模式是维持跨校区学习圈团队运行的重要途径。其中值得一提的是，搭建网络虚拟平台可以直接突破地理位置的局限，实时分享经验成果，同时可以直接减少活动成本。

（二）加强"学习圈"活动与其他学校的活动交流。

具体落实的实践活动是开展交流的有效方式，而形式多样的交流活动也促进了学习圈自身影响力的提升。截至目前，四期学习圈共创建了 265 个学习圈团队，累计有 3 500 位老师同学直接参与，举办活动已超过了 3 000 次。其中，规模最大的是已经结束的第三期"友思"学习圈活动，共有 189 个团队报名，最终有 100 个团队通过答辩成立。四期学习圈的直接受益人数已超过 3 000 人，而通过活动交流间接影响的师生数量更为庞大。然而，传统的学习圈团队往往只局限于团队成员内部的相互交流和成果分享。"友思"学习圈则鼓励并开展了许多促进各团队之间的沟通和学习圈成果展示的活动。

每期"友思"学习圈都会组织两到三次大型学习圈成果分享会。同时，也会组织多场性质相似的团队之间小型交流会。通过团队间的经验分享带动整体团队的进步提升，这些分享会、交流会正是和其他高校同性质学习圈交流的良好机会。通过这些交流会，可以直接向其他学校展示我校学习圈的成果和风采。在第三期"友思"学习圈的中期成果分享会上，97 个学习圈团队均派出代表参加，并有 19 个团队自愿报名进行了学习成果汇报，在成果展示会上，学习圈成员通过相声、话剧、读书报告、视频、演讲等多种形式展示了学习圈团队一个周期以来的学习成果。学习圈在进行对外交流时，可以邀请其他高校参与到这些分享会之中，从而实现学习圈的管理经验与团队学习方法与模式的校际交流，让经验成果分享会成为不同高校学习圈活动组织者和参与者相互沟通的桥梁和纽带。

另外，学习圈团队还可以在一定程度上借助我校社团活动进行对外交流。我校现有注册社团 79 个，社团文化资源丰富。凭借丰富的社团资源，我校学生社团联合会和北京市乃至全国高校的社联会都保持着密切的联系，我校社团也经常受邀参与各所高校社团举办的活动。承办"友思"学习圈的学生社团联合会可以借助这一优势，将与活动组织方邀请社团性质相同的学习圈一并进行介绍，并组织学习圈代表团队出访参与活动，展示学习圈活动在我校开展的成果，使得学习圈活动更易于推广和普及到其他高校之中。同样，在我校社团组织活动时，社联会也可推荐相关学习圈作为活动参与团队，作为一种软宣传，受邀参与我校社团活动的外校嘉宾可以借此了解到学习圈。如由我校团委主办，学生社团联合会承办，人文类社团协办的"中国政法大学诗歌大赛"，就可以推荐相关的学习圈作为参赛团队参与到活动中，首要参与活动的外校嘉宾可以通过参与此类活动了解到学习圈的相关信息，为学习圈活动的实际推广打下坚实的基础。

（三）加强"学习圈"活动与其他高校的网媒交流。

未来学习圈活动在高校之间的交流要广泛地运用网络媒体。针对宣传媒介，目前我校团委已经推出专门的宣传移动端软件"法大人"APP，但这款 APP 目前的主要形象是作为学习圈团队之间的交流与团队运行监管的平台，对外宣传的效果有限。因此，总结前期学习圈活动的经验，针对学习圈的活动特色，采用网络自媒体平台进行宣传的方式更为合适。目前，我校共建立 80 余个学习圈活动宣传自媒体平台，其中不乏如"友思学习圈德语小分队""一起来读诗经吧"等高质量平台。这些宣传平台中有部分是第一期、第二期的学习圈团队，他们虽不再受团委资金支持，但仍坚持自行组织活动并通过自媒体平台分享知识成果。但是目前学习圈的自媒体平台仍存在推送文章水平良莠不齐和平台关注人数有限的问题，所以可以考虑在今后学习圈的建设中引入网络宣传平台情况的奖惩机制，激励各学习圈团队提升平台建设水平，另外可以挑选高质量推送文章并联系其他高校中具有一定影响力的校园媒体进行展示，扩大活动的影响力。

随着"微信"这款即时通讯软件的兴起和普及，微信"云讲座"成为一种全新的座谈会模式，这种交流模式直接突破了时间和空间的限制，能够随时随地地进行互动交流。这样的特点与学习圈活动的特点十分吻合。自主化的学习模式对应着学习时间的灵活性，这也就直接导致了学习圈活动对交流互动及时性的较高要求，微信"云讲座"模式恰好符合学习圈的这一要求。

所以在以后学习圈的开展中，要鼓励学习圈团队建立自己的共享平台，并积极和其他学校具有影响力的校园媒体进行合作，推广这些由学习圈自己组建的共享平台，将网络媒体的互动功能发挥到极致。对于第二期学习圈推出的"学习圈团队采访"工作，应该持续开展并大力推广。为了进一步扩大学习圈团队的影响，我校团委会定期组织采访学习圈团队负责人分享举办、参与学习圈活动的心得体会并制成图文消息进行推送，这些推送从参与者第一视角出发，是各高校互相学习的第一手资料。如"'友思'学习圈·德语小分队·品味语言文化的魅力""'友思'学习圈·货币金融学习圈：深入专业的执着""学习圈采访第三弹之校长推荐阅读书目《红楼梦》学习圈"等采访推送，在同学们中取得了良好反响。在各所高校的交流中可以建立"宣传联盟"，各个学校的官方媒体整合资源，统一推送具有代表性的学习圈团队，让各所学校的学习圈团队获得经验，同时也可以利用微信平台中的"评论"功能进行双向的交流和反馈，达到资源共享、互相学习的最终目的。

综上所述，"友思"学习圈在高校间的交流活动是一项任重而道远的工作。目前，我们要不断地总结我校学习

圈运行管理的经验，不断地总结学习圈相关理论，形成一
套完整的学习圈运行管理模式。同时通过网络、媒体、社
团活动等多方平台为学习圈提供对外展示的机会，积极开
展相关成果展示交流会，邀请其他高校的学生参与其中，
感受学习圈活动的魅力，搭建学习圈团队成果共享的平
台，推动学习圈在高校中的推广。通过促进"友思"学习
圈活动在各所高校之间的交流，让"友思"学习圈活动使
更多参与的学生受益，将团队合作、自主学习的学习模式
和学习观念普及到同学中，在各所高校中构建学生自主阅
读、自主学习的新模式，积极响应我国教育改革的号召，
切实地让我校大学生人文素质教育改革的实践创新成果惠
及其他高校，在各所高校中打造一种全新的学习模式和学
习风气。

第四节　"学习圈"模式常态化

　　虽然"友思"学习圈给法大学子带来了种种便捷与学
习的优势，但这种自主学习仍然是建立在一定的监督之下
的。即在学校的带领下组建，由校方引领选题，并由校方
进行监督。但真正的自主学习是不需要外界环境的推动与
监督依然可以顺畅运作的。因此学习圈模式的常态化也是
必然的发展趋势。我们将在历期学习圈的活动中逐渐弱化

校方的影响而将学习圈成员的自主性放在首位。①鼓励法大学子进行跨校区交流，并鼓励其自行组建学习圈，校方将提供学习圈题目与方向的建议而非决定性意见。推动广大学子自主研究自己感兴趣的课题，真正以兴趣推动学习，以学习升华兴趣。②对于学习圈成立的答辩环节也将宽松化，提供给更多的团队更多的学习机会，对于同一个主题可以由多个团队同时进行探讨研习。③校方在学习圈活动中的角色弱化，仅扮演一个服务者与宣传平台的角色，为每个学习圈进行登记与注销工作。适时为广大学习圈提供一定的帮助，并定期举办学习圈经验分享交流会帮助陌生的学习圈进行一定的交流与经验分享，更好地推动彼此之间的学术互动、实践互动。让更多同时希望了解更多课题角度的同学能更好地拓宽自己的视野。④校方退出监督者的角色，每个学习圈的运转均由其自身进行协调与内部监督，活动频率也将由此而更加人性化，更加尊重不同学习圈的特性，由组建者自行协商活动时间与其中的活动弹性。

正如学习圈举办的初衷一样，我们希望法大学子真正能通过自主学习、自主监督达到提升课题研究能力的目标。这种能力不仅限于学习知识宽度的拓宽而更在于一种独立思维与课下学习能力的养成。如果学习圈只一味地由校方进行引导与监督才能顺利举办，那也就失去了其发展的意义。所谓学习圈的常态化正是对这一理念的践行，校方角色最小化，学习圈成员自主最大化，不仅在校期间，在假期以及今后都希望法大学子能够保持一种学习圈思维，一种自主的无需监督的思维去钻研学术、步入实践。真正能让学习圈思维渗透进法大学子的学习习惯之中，使之常态化。

我们希望能通过学习圈活动的开展，引导参与者形成自主学习的常态化学习状态，不仅只表现在学习圈活动之中，还需将其发展至学习生活的其他方面，逐渐将学习圈精神融入成为我们校园文化的一部分。通过参与者对学习圈精神不断地进行传播，以学习圈参与者为榜样，在校园中逐渐形成一种自主学习的风气。

由此，为了加强学习圈活动在校园中的知名度和影响力，我们希望能在下一学年中加大对学习圈的宣传，着重宣传各优秀学习圈的研究成果以及校方对学习圈的重视程度和支持力度，吸引更多的法大学子加入到学习圈的活动中来，研究其感兴趣的课题，展现他们的智慧和风采。即以优秀学习圈为基础，推出更多具有影响力的学习成果，加强学习圈活动在校内的影响力，吸引更多优秀学子参与，由此建立一个良性循环，支持学习圈更好地运转。在学习圈活动影响力增大的同时，相应的学习圈精神势必也会在更多的学生中传扬，不断影响更多的法大学生。最终形成一种学习圈的学习文化，逐渐融入我们的校园文化。

❖ 附　件 ❖

"友思"学习圈优秀团队展示

一、理论学习类学习圈

图5-1　"人道法小分队"成员参与比赛照片

（一）"人道法小分队"学习圈

以法大人的好学去钻研，以法大人的坚毅去博思，以法大人的包容去交流。这便是"人道法小分队"学习圈，

一群有着独特想法、创新思维，致力于钻研国际人道主义
法的法大人，通过学习圈为彼此创建了学习"人道法"的
沟通平台。

学习圈的成立来自于某一次课上的初识，不同专业，
从大一到大四不同年级的本科生甚至研究生，因为共同的
兴趣和爱好，他们走到一起，组成了这个独特的学习圈。
学习圈的活动给他们提供了方便的学习交流的平台。不同
专业、不同年级的身份使得成员们在平时的研究中能够获
得不同的看法和建议。发起人并不是第一次参加学习圈活
动，大二时参与的"乡土中国"学习圈给他提供了一定的
经验，也让他对学习圈这种学习方式有了更深入的了解。

该学习圈活动分为知识储备与实践应用两大部分。就
知识储备　而言，在课余时间里，他们约定时间、地点，
在一起认真研究人道法的相关知识，比如人道法的起源、
人道法的准则及其适用范围、人道法面临的挑战，等等。
在日常的学习中，一般一周举办一次读书会，平时主要以
大家互相沟通各自研究结果为重，但并不是分散的学习。
为了方便大家的学习与交流，他们建立了一个微信群，每
周组内约见以交流最近的学习成果。小组成员们分工协作
查阅资料，然后聚集在一起交流心得、感想，在畅所欲言
中加深对人道法的理解。就实践应用方面，他们报名参加
了国际人道法模拟法庭大赛，与外校的精英们切磋交流，
对人道主义也有了更深的认识。

对于在学习圈的运作的过程中有哪些收获这个问题，成员们都很有感悟。在一年的共同努力下，小组成员彼此之间的感情增进了不少，每个人在学术研究上也有进步，组长个人管理和组织能力也得到了提高。学习圈给他们提供了一个互相交流、互相学习的平等的平台，参加高校间国际人道法模拟法庭比赛，也取得了第一名这一优秀的成绩。"人道法"本是一个陌生的内容，但在小组成员互相磨合、互相包容的过程中，他们彼此都收获了很多。

图 5 - 2 "德语小团队"开展日常活动的照片

（二）德语小团队学习圈

"德语小团队"是由德语爱好者们组建的友思学习圈。15 级德语班的陈佳静是本次学习圈的发起人，在团队的16 名成员中，大部分都是她的同班同学。谈及组建学习圈的想法时，发起人道："起初我是通过微信和宣传展台了解到了这次活动，觉得这是一次难得的学习机会。于是我给自己打了一个赌，在朋友圈发起号召，如果有超过 8 个人回应，我们就组建团队，没想到有很多人都很感兴趣，愿意加入。"

除了德语班的同学，还有两位法学专业的同学也参与其中。来自刑事司法学院的一位成员最初仅仅是因为球赛对德国产生了浓厚的兴趣，从而加入了学习圈，但学习圈却给了他意料之外的收获："在学习德语的过程中，能感受到强烈的文化氛围。"对于法学同学的加入，大家也表示很欢迎："不同专业之间的交流可以促进相互学习。对于我们来说，无论在兴趣上，还是在学业上，都有很大的帮助。"

为了保证学习圈活动能顺利进行，在正式申请之前，发起人曾向德语专业的老师寻求建议。老师的提议是尽量将讨论范围具体化，可以多考虑中德文化交流的方向。这些建议和之后的团队讨论都给了学习圈发起人启发："我们以德语学习为基础，但不限制于语言。我们更多的是要去了解德国文化，才能真正地形成对一个国家背景知识的积淀。"

由于学习圈人数较多，为了使活动更高效率地进行，团队采取了分组的模式。成员共分为 4 个小组，每一周由一个小组负责学习内容的资料收集，课题准备以及其他组织工作。学习交流的内容有多种呈现形式，例如 PPT、音乐、视频和阅读材料等。有时会穿插一些具有趣味性的小游戏，通过游戏来检验大家的学习成果。在娱乐中不仅能增进大家友谊，同时也是一种独特的学习方式。

学习圈的展示主题也很多样化。迄今为止已举办过多次学习圈活动，基本是围绕德国文化进行学习，也会深入讨论、分享观点。团队成员曾这样感叹道："我们更多的是想了解课本里学不到的知识，所以会有一些拓展的主题探讨。例如我们第一次围绕城市法兰克福的讨论中，插入了一些对巴黎暴恐事件和德国总理默克尔的时事见解，还对德国政策做了分析研究。大家一起分享的氛围非常好，每个人都会有参与感。"

学习圈活动结束后，他们都会按照惯例，制作一篇微信推送，来记录他们的讨论内容和精彩瞬间。除此之外，"德语小团队"还制作了专属于自己的活动反馈表，包括本次学习收获、对活动内容及形式的评价、建议、期待等方面。每周由参与活动的成员填写完毕后，由主要发起人负责收集整理，并将反馈传达给下一组成员，使活动更加顺利地进行。"等到学习圈结束了之后，我们也会将活动反馈表发放下去留作纪念。"发起人说道。

对于未来的学习圈活动开展的形式，团队也将会出现一些改革。初期为了提高大家的兴趣，游戏环节的设立比较多，但学习的效率不高。之后会相对减少游戏环节，让理论知识更深入化，提出理论性更强的论题，例如中德之间的法律对比等。同时成员们也想让形式不仅限于口头探讨，在经费充足的情况下，负责人准备购买一些进口德国食品、书籍等，让大家多角度了解德国文化。

德语小团队目前仍然在活动，该团队每周会组织一次德语交流学习，希望将德语的学习持续深入下去。

图 5-3 "货币与金融学习圈"微信平台运营成果展示

（三）货币金融学习圈

货币金融学习圈由成思危现代金融菁英班的学生组成，年级涵盖大一到大三。在一名大三师姐的指导下，跟随专业课教学进度，实行部内分组的拓展学习。"与货币金融有关，比较新的新闻、论文，在我们一周材料阅读的基础上，都会在每周六下午一点半到三点这个时间段讨论。"货币金融学习圈负责人说。

由于学习内容的专业性与深度性，货币金融学习圈采用了多样化的学习方式。每周，大家都会共同阅读一些与课程内容相关的社会新闻以及专业论文、核心期刊与书籍，以便在讨论中深入浅出、加深对知识点的理解与运用。

同时，每周学习圈都轮流安排讲解人，对一部分的知识点进行 PPT 展示与讲解，保证每个人都能理解学习内容。另外，圈内还以读书报告与论文写作为小组任务，前期对论文报告的内容与格式进行培训，慢慢提升每个人的学习阅读能力。在这些多层次、多样化的学习方式下，圈内成员都能跟上脚步，在学习上获得了良好效果。

货币金融学习圈开始的时间较早，在学期一开始，发起人王金晓同学就开始将班内有兴趣的同学聚在一起，并提前着手课外的拓展与学习交流。而学习进度上，从学习圈开始至今，大家的学习内容也呈现阶段性的特征。随着材料的加深与自我的积累，大家普遍能感觉到，自我的知识掌握水平、阅读交流能力都得到了提高。

在成思危班，学习材料的阅读历来采用双语的方式，获取外国原著进行阅读也是常有的事。而货币金融学习圈内，阅读材料也以英文材料为主。在学习圈活动初期，许多成员很难理解英文材料的专业术语，但现在，很多术语能够理解了。在大家能力提升，阶段性安排的基础上，圈内还会安排学习方法总结，这样能不局限于学习内容本身，将交流讨论上升到学习效果的层面上，能更有效地提升圈内成员的学习素质。

"利息与储蓄的关系、实证研究、货币与产出……"在任务安排里,每一个人都有自己深入研究的板块。但是这些安排并没有成为他们学习的界限,在讨论环节每个人都能在每一个话题里找到自己的着眼点,也可以在其中讨论出共性的意见。读书报告与论文——这些短期与长期的任务,也并没有成为他们学习方式的局限。在他们看来,这些任务的安排,是他们学习成果的一个重要展现方式,但绝不是全部。"更多的是思想,更多的是我们在做这些事中所收获的东西。"

(四)马克思原著学习圈成果展示——快递工人采访调研报告

中国政法大学马克思原著学习圈

学习圈实践调研报告		
选项	内容	备注
调研对象	快递承包点处员工	
调研内容范围	快递职业现状与快递行业情况	
调研目的	了解快递行业底端的现状,提升学生综合素质	
参与人员	马克思原著学习圈与马克思主义协会成员	
调研时间	2017. 4. 28 – 2017. 5. 7	
调研频率	每周一次	五一假期中断一次
调研成果	形成调研报告学习圈与协会共享	

图5-4　学习圈读书会

图5-5　组织观看打工子弟相关报道

在友思学习圈的举办与调研期间，同学们针对接受采访的快递人员的工作时间、内容、收入、风险与保障；其家庭情况、业余生活、权利意识等方面进行了深入调研，也对快递从业人员的生活工作状况有了一个最基本的理解。他们结合调研对马克思的原著有了更深一步的理解与认知，成功地实现了理论与实践的完美结合。

（五）法律英语小组合同法

在法律英语学习圈学习研讨的过程中，大家既实现了对法律英语学习水平的提升也一同整理完成了《中华人民共和国劳动合同法》，同学们以纯英语的形式对合同法进行了一个全新的阐释，并将其中的各个专业单词进行了词性、词组与句法上的分类罗列。在同学们的整理中我们看到的是大家对法律英语认识的更上一层楼，也感受到了每一个同学对法律英语的实践应用所付出的心血与努力。

图 5-6 学习圈合同法整理目录

（六）"我们都爱王小波"学习圈

表　学习圈部分活动清单

活动时间	活动主题	活动地点	活动主持人	活动形式
2016.3.24	心中的王小波	逸夫楼	魏冕	分享讨论自己入坑经历
2016.4.4	当我们谈论《黄金时代》时我们想表达什么	梅二	徐昊	介绍《黄金时代》片段分享，读书笔记分享
2016.4.15	红拂与李靖	学活	徐昊	放映《风尘三侠之红拂女》
2016.4.25	中国同性恋史的丰碑	学活	马丹婷	放映《东宫西宫》
2016.5.1	我愿做一只特立独行的猪	逸夫楼	李崝	王小波语录分享

附录一：成员所思所想合集

附录二：《黄金时代》读后感选录

附录三：《红拂夜奔》书评及《风尘三侠之红佛女》影评

附录四：《东宫西宫》影评

附录五：王小波语录分享合集

（七）私法案例研习学习圈——《鉴定体的展开与法律适用——以阎崇年案为分析对象》

作者：马嘉骏

摘要：使用鉴定体这一案例体裁分析案例是德国法律

教育的"独门法器"。本文通过运用鉴定体对阎崇年悬赏案一案进行分析，与现实中法院的一审判决进行简要比较，归纳与现实中法律适用环节可能存在的差异。

关键词：鉴定体 法律适用 悬赏广告 案例分析

（八）《反家暴法中人身安全保护令制度比较研究》

作者：武振国 学院：民商经济法学院

摘要：人身安全保护令是内地反家暴法中确立的一种新的制度。但是，在适用人身安全保护令防御家庭暴力时，法院及其他机关对该制度的立法理念、审查标准和执行程序的认知存在差异，本课题在实证研究的基础上，通过借鉴香港经验，认为在公权力干预和家庭自治这两种价值之间，应该优先考虑家庭自治。同时，针对人身保护令在裁判中的具体适用，应该结合婚姻家庭关系中的具体情况，以"表见证明＋优势证据"作为证明标准的基础。最后，本文认为，应该在政法委统一领导下，对人身安全保护令作出前的分流机制、执行时的分工以及对法官自由裁量权的限制等方面进行规定。

关键词：人身安全保护令 家庭暴力 家庭自治

二、社会实践类学习圈

（一）餐饮O2O学习圈

餐饮O2O学习圈团队致力于研究现今正步入快速发展

图 5 - 7 　"餐饮 O2O"学习圈讨论活动照片

阶段的中国餐饮行业 O2O 市场，关注餐饮行业的线上销售渠道。餐饮学习圈总人数为 8 人，活动共计 11 次。主要活动形式为知识分享交流会。在知识分享交流会上，成员们会就收集到的资料提出问题，并根据了解到的情况对其他成员的问题作出回答，进行讨论。

学习圈团队坚持每周一次的讨论，学习圈的 8 位成员积极参与活动，每次参加讨论的成员人数都超过半数，即每次讨论都有至少 5 人参与，并且参与讨论的人数经常会超过 5 人。成员们讨论时都会准备丰富的资料，如相关法律法规、新闻报道和采访记录等，为学习圈讨论奠定好充足的素材基础。在讨论中，成员们各抒己见，积极地提出了自己对外卖市场监管和相关法律完善的意见和建议。通过学习圈 10 余次的活动，成员们最大的收获就是体验了一种全新的学习方式，一种多方互动的而非单方面讲授，单方面接受的形式。

在活动结束后，其中一名学习圈成员表示："我们学习圈讨论时往往展现出'和而不同'的氛围，成员广泛地分享了自己的观点，思想的碰撞使我们受益良多。在学习和研究的道路上，我们不再是单打独斗，而是携手同行。"

（二）舌尖法大学习圈

民以食为天。"舌尖法大"学习圈从与我们生活息息相关的饮食出发，以一个独特的角度，来探寻食品安全中的法律知识。学习圈成立的初衷是以食品安全为切入点，深化相关法律的学习，使法律与生活相结合。成员涵盖了从大一到大三法学专业的同学。线上进行微信宣传，线下探讨深层次的法律理论知识。

"舌尖法大"学习圈既有实践活动，又有理论研究。第一学期开展了问卷调查，为做进一步的分析收集群众意见。同时开展了食品检测等活动。调查法大食堂卫生环境、就餐安全隐患、食物打包、食堂餐具、"第五食堂"相关问题。第二学期则侧重理论研究，以案例分析形式开展日常活动。每周一个负责人，已经进行了多次活动。活动中，他们不仅了解案例，还了解案件经过以及审理部分。"舌尖法大"不仅拘泥于食品安全，与食品有关的他们都会加以讨论，并制作推送，面向全校同学推出调查结果。同时，发起人张驰同学也会组织观看纪录片，大家发表交流感想。成员们主要围绕有关学习圈主题的案例进行分析研讨。

在一次活动上，大家就程江萍销售地沟油案展开了讨论，前期准备相关案情资料、审判结果、法条依据，随后其他成员针对该案例进行分析研讨，例如非法食品添加剂规定范围、共同作案的审判处理、食品安全监管的缺失与健全等，总体氛围热烈踊跃，取得一定的学习效果。但学习圈活动期间也遇到了很多问题，比如调查问卷样本数不够多，采样不够广泛，坚持不够长久。食品检测也未能充分实施，检测对学习圈的进行并没有太大帮助，等等。于是在第二学期成员们便做出了调整，从重实践转为精理论。

学习圈的成员们在这一次次的讨论中锻炼了自己语言表达能力和沟通协调能力，同时从法律的角度，对食品安全问题也有了更加深刻的理解。在这一次次的调研和互动中，成员之间也形成了默契而又深厚的友谊，结交了来自不同专业的朋友。

担任学习圈负责人的过程中，张驰收获颇多。深入了解了相关食品安全法规，收获了队员间的友谊，提升了团队合作能力和组织活动能力。通过与食品检测方（国联质检）的联系，沟通交流能力也大为提高。

三、文化艺术类学习圈

（一）《诗经》闲谈学习圈

《诗经》整合了公元前 11 世纪至前 6 世纪的古代诗歌 305 首，反映了西周初期到春秋中叶约 500 年间的社会面貌，是中国古代诗歌开端，最早的一部诗歌总集。在生活节奏加快的今天，仍有这样一群人肯静静地坐下来，品味那流传千年的生活与情感，细心聆听那穿越千古而来的寂寂遗音实属不易。

90 号学习圈发起人是来自民商院 15 级的莫葭采。学习圈的 10 个成员来自四个年级，五个学院，《诗经》学习圈的每次活动都要预先确定一个主讲人和主题，然后定期分享交流。据组织者介绍通过这样有目的性的读书活动，对《诗经》的理解更深入了，成员间的感情也将更加亲密。在交流中，大家彼此分享关于《诗经》的心得体悟，一同品味每一个字眼背后蕴含的脉脉情深，每次交流下来大家都能收获到与以往截然不同的新观点，心愈静，行愈笃。的确，一群志同道合的人为着自己的兴趣而交流、探索，这样的活动本身就是崇高且令人欣喜的，而这也就是学习圈活动举办的意义。

在交流中，莫同学表示由于成员来自不同的年级和专业，时间问题上有时候难以协调，但也正基于此在交流中大家能从不同的视角提出一些独特的问题，大家根据自己的专业特点对《诗经》往往能够提出新颖的观点与视角。莫同学对《诗经》学习圈的发展十分满意。同时在学习圈举办的过程中他们还举办了许多特色的小活动。比如以举办各个学习圈展示交流会的方式来发掘大家更多的兴趣点，与同类别的学习圈团体一同交流关于《诗经》以及中国古典经典著作的学习心得与体悟，正是这样的交流使得他们在阅读《诗经》之余还能吸取到不同作品所带来的养分，感受到中国古典文化的博大精深。

与此同时学习圈的成员们还开通了一个"一起来读《诗经》吧"的公众号，展示学习圈成立以来大家的讨论研究成果，在这个公众号中，成员们定期以推送的方式记录全新的感受，用心的去用每一个文字记录下他们一同成长的一点一滴，将他们对《诗经》的执着与热爱记录下来。

（二）京剧艺术漫谈学习圈

京剧曾称"平剧"，中国五大戏曲剧种之一，腔调以西皮、二黄为主，用胡琴和锣鼓等乐器伴奏，被视为中国国粹，中国戏曲三鼎甲"榜首"。京剧艺术由于其独特的魅力，在全国范围的高校内得到了大学生的一致欢迎。近几年，中国政法大学京华京剧社的建立与校园内京剧爱好者的聚拢、《"全人发展行动计划"—京剧欣赏课程》的开设与京剧的校园内的普及，共同构成了法大京剧漫谈学习圈的组织和艺术基础。京内高校交流的需要与法大高水平京剧爱好者团体的打造，则是法大京剧漫谈学习圈产生的直接动力。

通过法大京剧漫谈学习圈，组织者力求得到知识层面、能力层面和组织层面三方面的收获。知识层面，让学习圈内的学友了解以京剧为代表的中国传统戏曲的文化意义，熟悉京剧形成与发展过程，了解京剧的特征和艺术构成，懂得基本的欣赏门径，并对京剧的主要传统剧目和主要流派及其代表剧目有一定了解；从能力层面，让学友具备初步的京剧欣赏能力，具备基础的京剧表演能力；从组织层面，打造一支高水平的法大京剧爱好者队伍，在校团委的支持下完成校内传播、校外交流的组织构建。其中，以知识层面、能力层面的目标为基础，以组织层面的目标为主导。

法大京剧漫谈的主要活动形式，采取以赏析、研讨形式为主，以剧场现场观摩为辅的活动模式。赏析和研讨的主要内容涉及京剧欣赏门径、京剧的形成与发展、京剧的特征与艺术构成、经典剧目赏析、京剧流派艺术赏析、京剧与昆曲等部分。

按照校团委的要求，组织者已经于 2014 年 5 月建立京剧漫谈的微博"法大京剧漫谈 cuplpko"，组织学友互动。同时，于 2014 年 6、7 月份进行了学习圈试运行，如 6 月

3日，组织部分学友赴北京大学参加"风华绝代·仁者清音"昆曲大师蔡正仁、华文漪清唱雅集，现场感受大师风范；6月8日，举行书目资料交流推介活动，向学友推荐入门介绍类、背景与文化类和工具书类三类阅读和参考书目，提供知识储备。

法大京剧漫谈学习圈以自身的力量传播着京剧文化，在中国政法大学的校园中坚持不懈地推广京剧知识，普及京剧常识，让越来越多的法大学子走近京剧，聆听京剧，懂得京剧。就如傅谨先生说过的："京剧是中国文化传统的重要表征之一。它是'地方戏时代'出现的最重要的剧种，是雅文化在中国文化整体中渐趋衰落的时代变革的产物……它更接近于底层和民间的趣味，京剧的剧目系统更充分体现出其历史叙述的民间性或曰草根特性。"京剧作为我国的传统国粹之一，是介绍、传播中国传统艺术文化的重要媒介。京剧漫谈学习圈以他们最大的热情去建设去发展京剧文化，在丰富自身文化修养的同时肩负起传承京剧的重担。

四、课外生活类学习圈

（一）音乐交流互助学习圈

音乐交流互助，即通过同学间的自主交流和学习，实现一个相互学习音乐的圈子。本学习圈主要旨在把擅长不同乐器的同学汇聚在一起，然后相互之间组成学习小组，学习圈内的成员可以向其他成员学习自己所感兴趣但不会的乐器，同时也可以教授其他成员自己所擅长的乐器，进而实现在音乐上的教学相长。因此，实际上并不要求学习圈每一个成员都会一种乐器，保证一半左右成员会乐器即可。这样的形式既可以充分发挥学习圈自主学习、互助学习的精神，又能充分利用资源，让学习圈的所有成员都能够有所收获，共同进步，与此同时也可以让大家在学习之余尽情的享受音乐带给彼此的快乐与精神上的放松。

学习圈具体活动开展形式需要根据实际成员所会乐器而定。开展活动时圈内有分别掌握吉他、钢琴和陶笛演奏技巧的同学。音乐互助学习圈每周组织一次音乐交流学习活动。学习圈的成员来自刑事司法学院、人文学院等不同的院系年级，大家都在一起学习演奏钢琴、陶笛、吉他等乐器，共同的音乐兴趣是他们组建这样一个学习圈的基础。

这种互助学习乐器、学习音乐的形式，可以节约同学们学习音乐的成本，方便而有效。在相互学习乐器的同时，大家还会一起分享学习不同乐器以及对音乐的不同心得和体悟，在交流的同时传播了爱音乐、爱生活、爱分享的态度，收获了知识、友谊和快乐。大家在交流乐器学习心得的过程中极大地增进了对彼此的了解也加深了各个乐器的了解。另外，在本学习圈运行过程中，由于大多数同学对吉他学习充满兴趣，"木头人吉他社"也在这个过程中慢慢组建起来，成为法大众多社团中的一员。大家因学习圈而识，因兴趣而结缘，在互相学习的过程中不断努力一同将兴趣转化为组建一个小小社团的决心。这就是学习圈的意义所在，在学习中体悟快乐，在人与人的交流中看到更大的世界。"木头人吉他社"如今已发展成法大知名社团，定期开设吉他学习课程。在音乐交流互助中，体悟音乐的美好，开发自己的新技能。

（二）篆刻艺术的创新学习圈

中国文字随着时间的绵延、空间上的歧异发展，蕴涵了动人的多样风貌，在印面之内跌宕生姿，以一种有情、有致的方式呈现出来，小小方寸之内充满了时间的古朴和空间的浑厚，虽几经更迭，仍能以温润的光泽、古雅的韵趣，引人玩味，这就是篆刻的艺术。篆刻艺术学习圈在继承传统的基础上进一步创新，学习了橡皮章的篆刻。

发起人表示创立学习圈的初衷是大一了解到了橡皮章，对其产生了浓厚的兴趣之后自己便开始尝试制作，随后将作品发送至朋友圈后，有很多朋友留言希望可以一起学习，在多方了解下，负责人便借这一契机，组建了本学习圈。

学习圈主要活动形式为选择一个大家共有的空闲时间，一同默默刻章，刻完之后大家相互展示自己的成品并互相纠正或者提出改进的方法。在互相纠正的过程中大家教学相长互相学习篆刻技术，一同钻研全新的篆刻之法。创新之乐正在于它对过去的超越，在于它新鲜的血液。而这血液正是由全体学习圈成员一同努力所创造的。

发起人表示，学习圈也让大家收获了很多，从组建开始时只有3个人会刻橡皮章，到现在每个人都对雕刻有了一些认知，从起初的一无所知到慢慢了解，再到大家能够雕刻出比较精美的橡皮章，这是一个宝贵的成长的过程。此外，通过大家的努力，越来越多的人也了解到了这个学习圈并且想加入其中，大家对橡皮章也有了更为浓厚的兴趣。

发起人认为学习圈这个平台既不需要像社团一样去费力经营，也不会像一对一那样枯燥乏味，一群志同道合的人凭着兴趣一起交流，纯粹而美好。

篆刻艺术学习圈的成员们在篆刻中体悟人生也在篆刻中日益精进，不断努力，将这集文字书法之美和雕刻技巧之美于一体的篆刻技术发扬光大。

（三）声动我心学习圈（注：以下文字以音频方式呈现。）

声音，你好！

李卓凡

声音，是我予世界的一笺邀约。

每个人，都有属于自己邂逅他人的方式。有些人喜欢通过嗅不同的气味，或芳香或苦涩，来想象发生在不同人身上的故事。更多的一些人喜欢观察他人的眼睛，是澄澈抑或混沌，以窥探他们内心的善恶。香水的出现已彻底诱惑了我本就不灵敏的嗅觉，一双双真假难辨的明眸善睐也让我困于自然与伪装之间的猜测。于千万种方式中，我选择了声音。声音是唯一一种真诚的到来，他没有修饰，唯一一点试图的点染，也能在微微颤抖的声线中轻易识破。在声音的交流中，哭就是哭，笑就是笑，明媚就是明媚，孤独就是再多假笑也无法掩饰的低沉与落寞。我喜欢真实，所以，我选择了声音以拒绝虚饰的谎言。我不够勇敢，所以我选择声音孤绝如初见。是声音，给了我一种方式，可以让我在没那么多勇气的情况下轻轻出现，遥寄了情感，也与世界相遇。

声音，你好。声音，我在。我愿，用平平仄仄成为，你最长久的陪伴。

黄凯

凡音之起，由人心生也。人心之动，物使之然也。感于物而动，故形于声。融入情感，声音也有情感。

陈婧怡

情之所起，在于幼习朗诵，而后一往而深。喜爱声音，喜爱朗诵，喜欢这一方小小的电台。我感激与这里的诸多"好声音"的相遇，期待今后共同努力的时光，也盼望未来不论走到哪里，优美的抑扬顿挫都是我们一生的

"好朋友"。

徐泽慧

我和声音的故事，始于童年喜爱的动画配音，陷于想见恨晚的诗歌朗诵，忠于一如既往的热爱。从此，看到一段美妙的文字就有要朗诵出来的冲动，从此，在听到悠扬的轻音乐时总想念出几句文艺而矫情的话。我一直相信每一个声音都有一个故事，每一个声音都是一个世界。我，我们期待遇见你的声音。

伍怡雯

因小说与广播剧邂逅，由此爱上声音。透过声音可赏委婉细腻的情思，可见酣畅淋漓之景。愿友思借我一扇门，打开后，通往声音的天地，因为，我知道那儿春暖花开。愿我今后用心吐字，用情归音。

五、特殊类型学习圈

（一）校长推荐阅读书目学习圈团队——《乡土中国》研习学圈

乡土中国学习圈是由来自各个院、各个专业的大二同学联合发起的，以研习费孝通的《乡土中国》为主要活动的学习圈。学习圈现有固定人员六人，设组长一名，负责小组成员的召集与讨论的组织。在近一个学期的学习中，小组成员相处融洽，砥砺思想，激扬文字，相互都有了新的收获与认识，也培养了深厚的友谊。

学习圈每周会定期开设阅读分享会，大家互相分享阅读心得，体悟《乡土中国》背后的韵味与融合至现代的无奈。乡土社会与现代社会的差别正是"礼治社会"和"法治社会"的差别，在当今中国社会的激速变迁中，在从乡土社会进入现在社会的过程中，我们在乡土社会中所养成的生活方式处处产生了流弊。现代社会是由陌生人组成的社会，各人不知道各人的底细，万事还要寻清底细；还要怕口说无凭，画个押，签个字。这样才发生法律。在乡土社会中法律是无从发生的。陌生人所组成的现代社会是无法用乡土社会的习俗来应付的。"礼治"的逐步解体造成的社会秩序的紊乱亟需"法治"去调整。

在交流中，大家一同探讨了乡土社会和现代社会的特征，一同反思现代社会的弊病也在一同寻求解决思路。在这里，大家一起认真思考。这里有最激烈的思维碰撞也有着最温馨的共读场景。在这里有深刻沉重的思索也有轻松愉快的探讨。因为共同的热爱，大家聚集到一起，一同品悟《乡土中国》也一同走近费孝通本人。都说读书如读人，在阅读《乡土中国》的同时，学习圈的同学也对费孝通进行了研究。从费孝通的人生经历到中国基层社会的社会面貌再到当代中国的深刻国情。学习圈的每位同学都从自己的切身感受出发去探讨中国社会所面临的问题。简单的学习圈也变成了一场思想交锋的角逐。

在学习圈学习期间，小组成员相处融洽，砥砺思想，激扬文字，相互都有了新的收获与认识，也培养了深厚的友谊。在学习圈中，大家为师亦为友，用漫长的时光来共读同一本经典著作。

（二）校长推荐阅读书目学习圈团队——阅读《西方的智慧》学习圈

阅读《西方的智慧》学习圈是在校长推荐阅读书目《西方的智慧》基础上建立起来的学习圈。这本书并不是一部严格意义上的哲学史，但它以西方哲学思想的发展脉络为主线将西方历史上宝贵的智慧结晶介绍给了读者。学习圈的活动并不拘泥于这一本书，而是将书本内容作为话题，不断引入其他领域的知识。在阅读中大家收获了基督教的历史，收获了文艺复兴的启蒙，收获了圣经及其精神感悟。而在讨论中，平日里一闪而过的思想火花真的能聚成火炬。哲学即是爱智之学。

在日常学习中，考虑到每个成员的时间有限全读不能读精，因此每人均被平均分配一个章节，要去细致地阅读，用心的去体悟其中所蕴含的智慧。其他章节也要读但无需那么细致，达到足以理解其中的精神并能够参与讨论即可。

每周的例行活动都会先由本周主讲人开始规定章节的讲说，分享他对阅读章节的读书体悟与心得体会。断续到来的成员安静地落座细心聆听，原本在座的同学都认真记录思索，不时地补充、发表自己观点，气氛严谨又不失活泼幽默，讨论内容也十分精彩有深度。或许文字会有晦涩，或许章节会有拗口，或许它平淡无味，它深奥难懂。在一个人的面前它是山，但是在所有学习圈成员共同的挑战下它俨然变成了一本厚实的精神食粮。

同时，学习圈成员还一同创办了读书报告分享会，将阅读内容进行广范围的介绍与品析，汇总大家的学习感悟，总结全书的精髓思想，与前人共同漫步精神园地。

在阅读中，大家一起头脑风暴，一起查阅文献资料。在阅读中，大家一起分享哲思，品悟前人馈赠的丰富成果。

（三）跨校区学习圈团队——古琴与太极学习圈

古琴，又称瑶琴、玉琴、丝桐和七弦琴，至少有三千年以上历史，它是中华文化中地位最崇高的乐器，自古"琴"为其特指，19世纪20年代起为了与钢琴区别而改称古琴。所谓太极即是阐明宇宙从无极而太极，以至万物化生的过程。自古以来，古琴与太极无论在表达的哲思与气质上都有着灵性般的沟通之处，而古琴与太极学习圈则正是在这二者互通的基础之上加以学习精进，并从这二者中吸取传统文化的精粹。

"七弦为益友，两耳是知音。雅韵传千古，南风化彼心。"这是中国政法大学正大琴社每个人心中的锦句，也是琴社最希望每个人能用心做到的准则。古琴与太极学习圈的组建者为中国政法大学正大琴社的社长孙雨晴以及武术协会会员金振国。在琴社指导老师肖磊与李虎群老师的介绍下，琴社成功与北京大学古琴社开展多次交流活动，多次进行古琴技艺的切磋与学习，同时也对太极中所包含的阴阳之学进行了深刻的探讨。琴声泠泠，亲道悠悠；以琴博文，文质彬彬。愿寻千年之古调，觅当世之知音。"在与北京大学琴社同学的交流中，我们从彼此琴社的运营中找到了相应的差距，也在琴技上进行了切磋，北京大学的同学对古琴以及古琴背后所蕴含的文化的认识令学习圈的成员受益匪浅，与此同时我们表演的太极也得到了北京大学同学的赏识。"

　　音乐是相通的，文化亦是相通的。因为学习圈，大家在琴音与太极中品悟阴阳之道，在品茶之余静听琴声幽幽。在彼此的讨论中，加深了对传统文化的认识也更加走进彼此的内心。学习圈团队会定期举办雅集，品茶抚琴，交流心得。在音乐中静心凝神，在阴阳之道中领悟人生真谛。在学习圈中，大家互相合作学习太极以及琴艺，一同登山远游，一同与北京大学的学子相聚未名湖畔。七弦为益友，两耳是知音。